Kevin Vost

Empodere o seu pensamento com Tomás de Aquino

KEVIN VOST

Empodere o seu pensamento com Tomás de Aquino

Tradução
Sérgio de Souza

QUADRANTE

Todos os direitos reservados a
QUADRANTE EDITORA
Rua Bernardo da Veiga, 47 | Tel.: 3873-2270
CEP 01252-020 | São Paulo - SP
atendimento@quadrante.com.br
www.quadrante.com.br

Direção geral
Renata Ferlin Sugai

Direção de aquisição
Hugo Langone

Direção editorial
Felipe Denardi

Produção editorial
Juliana Amato
Gabriela Haeitmann
Karine Santos
Ronaldo Vasconcelos

Capa & diagramação
Gabriela Haeitmann

Título original: *Think Like Aquinas*
Edição: 2ª
Copyright © Sophia Institute Press, 2018

Dados Internacionais de Catalogação na Publicação (CIP)

Vost, Kevin
Empodere o seu pensamento com Tomás de Aquino / Kevin Vost – 2ª ed. –
São Paulo: Quadrante Editora, 2025.

ISBN: 978-85-7465-811-7

1. Tomás de Aquino, Santo, 1225?-1274 - Crítica e interpretação I. Título II. Série

CDD–230.2092

Índices para catálogo sistemático:
1. Teólogos católicos : Biografia e obra 230.2092

Sumário

INTRODUÇÃO
Por que (e de que modo) pensar como Tomás de Aquino?   9

PARTE 1
Os riachos do conhecimento   19

CAPÍTULO 1
Fale devagar e conserve um grande coração e intelecto   21

CAPÍTULO 2
O poder da oração pura   29

CAPÍTULO 3
Da cela para a adega:
um espaço de estudo que você consiga amar   39

CAPÍTULO 4
Os benefícios e os perigos da amizade   47

CAPÍTULO 5
Liberte o intelecto evitando as distrações do mundo   55

CAPÍTULO 6
A imitação de Cristo (e daqueles que O imitam)   63

CAPÍTULO 7
Amar a verdade independentemente de sua fonte
(e sobre a perfeição da memória)   71

CAPÍTULO 8
Como ler qualquer livro: sobre o poder da compreensão   85

CAPÍTULO 9
Encher o baú ao máximo:
construindo a base de conhecimento   109

CAPÍTULO 10
Conhecendo suas capacidades mentais... e seus limites   121

CONCLUSÃO DA PARTE 1

PARTE 2
Perscrutando as profundezas da sabedoria   139

Prólogo à Parte 2   141

CAPÍTULO 11
A razão que deu errado   151

CAPÍTULO 12
Casas sobre a areia   179

CAPÍTULO 13
Pensamentos errados sobre a fé   211

A todos os tomistas, de todas as estirpes, que, por meio da oração, do estudo, da leitura, do ensino, da pregação, da escrita ou da conversa individual, se esforçam para partilhar com os outros a sabedoria celestial do Doutor Angélico.

INTRODUÇÃO

Por que (e de que modo) pensar como Tomás de Aquino?

Sozinho, iluminou a Igreja mais do que todos os outros dou-tores; um homem pode tirar mais proveito dos seus livros em um ano do que se meditasse durante toda a vida a doutrina de outros[1].

— Papa João XXII

A alma humana é a mais alta e mais nobre das formas. Por conseguinte, excede, por sua virtude, a matéria corpórea, na medida em que tem uma operação e uma virtude, das quais a matéria corpórea não tem qualquer participação. Essa virtu-de é chamada intelecto.

— São Tomás de Aquino, *Suma teológica*, I, q. 76, art. 2

Por que você deveria pensar como Tomás de Aquino?

Todos deveríamos nos esforçar por pensar como Tomás de Aquino, mas somente se desejamos conhecer o que é verda-deiro, amar o que é bom, crescer em santidade e aumentar nossa felicidade enquanto peregrinos nesta terra, partilhando enfim da eterna bem-aventurança com Deus e da comunhão

---

1 Papa Pio IX, *Motu proprio Doctoris Angelici*.

dos santos quando chegarmos ao nosso lar no céu. Em toda a história da humanidade, São Tomás de Aquino (1225-1274) se destaca como um dos melhores guias para alcançarmos esses desejos. Dezenas de papas louvaram seus feitos como filósofo e teólogo, o *Catecismo da Igreja Católica* é abundante em referências a seus escritos, e mesmo estudiosos seculares têm reconhecido sua monumental contribuição ao campo da filosofia[2]. Louvam-no sobretudo pelo que G. K. Chesterton chamou, em sua famosa biografia de Tomás, de "aquele passatempo humano invulgar: o hábito de pensar"[3].

Por pensar *como* Tomás de Aquino, não quero dizer a aquisição das chaves do pensamento que nos levariam a fazê-lo tão bem quanto São Tomás (bem que eu gostaria!). Tomás foi dotado de um intelecto excepcional e tinha consciência de que Deus dá a alguns, mais que a outros, o potencial para a profundidade do pensamento: "A experiência mostra que uns inteligem mais profundamente que outros; assim, quem é capaz de reduzir uma conclusão qualquer aos primeiros princípios e às primeiras causas inteligem mais profundamente do que quem só é capaz de reduzi-la às causas próximas"[4].

Depois de muitos séculos, correntes da psicologia moderna chegaram à conclusão de que a capacidade de "pensamento abstrato" em nível superior (o conteúdo dos "primeiros princípios e causas finais") constitui uma marca registrada fundamental da inteligência humana. E Tomás entendeu de fato a *natureza do pensamento* e *os hábitos necessários para*

---

2 Cf. Charles A. Murray, *Human Accomplishment: The Pursuit of Excellence in the Arts and Sciences, 800 BC to 1950*. Nova York, HarperCollins, 2003. Nesse livro, Murray, um agnóstico, coloca São Tomás entre os "gigantes" da filosofia ocidental, elencando-o como o sexto mais influente de todos os tempos — acima de Sócrates e Santo Agostinho. Observe-se que a filosofia não era a especialidade de Tomás, mas apenas uma ferramenta — uma "serva" da teologia, o mais alto de todos os ramos do conhecimento.
3 G. K. Chesterton, *Saint Thomas Aquinas: The Dumb Ox*. Nova York, Doubleday Image, 1956, p. 80.
4 *Suma teológica*, I, q. 85, art. 7.

seu aperfeiçoamento. Ele foi agraciado com uma inteligência excepcional para compreender as causas e os princípios mais fundamentais. Além disso, teve a capacidade de tecer esclarecimentos, tornando o abstrato mais concreto, capturando verdades elevadas e trazendo-as à terra, a fim de que as pessoas comuns pudessem abraçá-las com firmeza e serem por elas conduzidas.

Independentemente de como você se veja como pensador, Tomás é um guia altamente confiável para ajudá-lo a potencializar as capacidades que Deus lhe deu de refletir e raciocinar sobre os temas que mais lhe interessam. Quem for capaz de ler e compreender estas páginas poderá melhorar a própria capacidade de raciocínio, tornar-se adepto desse "*hobby* invulgar" e pensar de maneira semelhante a Tomás de Aquino!

Mais do que nunca, precisamos desenvolver a capacidade de pensar claramente sobre as questões que mais importam, como a existência e a natureza de Deus, o modo de viver as nossas vidas e de nos relacionar com a Igreja, com nossa família, com os vizinhos e a comunidade...

Vivemos uma época em que a maioria dos jovens se declara "sem religião"[5] e em que se dá uma enxurrada de propagandas que, dizendo valorizar o pensamento, exortam-nos a escolher *a razão e a ciência* em vez *da fé e da religião* — sendo esta última apresentada como matéria de crença cega, como uma tradição sentimental, como resquício de uma superstição primitiva.

Em nosso tempo, São João Paulo II afirmou com elegância o quanto fé e razão, se devidamente compreendidas, não

---

5 Em 2014, o Pew Research Center descobriu que 22,8% dos mais de 35 mil americanos adultos entrevistados sobre suas crenças religiosas identificaram-se como ateus, agnósticos ou "nada em particular"; sete anos antes, essa porcentagem fora de 16,1%. Michael Lipka, "10 Facts About Atheists", Pew Research Center, 1º de junho de 2016.

se opõem de maneira alguma, mas "são como que as duas asas pelas quais o espírito humano se eleva para a contemplação da verdade"[6]. Há cerca de oito séculos, São Tomás de Aquino, o "Doutor Angélico", mostrou-nos muitas maneiras de obter o máximo de altura com ambas as asas — e é disso que trata este livro.

Quanto ao que podemos chamar de "asa da razão", Tomás bem sabia que as capacidades do pensamento que nascem de nossa natureza humana são "também ajudadas pela arte e pela diligência"[7]. Noutras palavras, pensamento inteligente e raciocínio rigoroso não são apenas capacidades que eu e você temos em certa medida, mas potências flexíveis que podem ser construídas, aperfeiçoadas e atualizadas por meio de treino e da prática ("diligência"), e também com os métodos corretos ("arte", aqui como abreviatura de "artificial", isto é, feito pelo homem). As potências da memória, por exemplo, ou do raciocínio lógico, são capacidades fluidas que *podem ser desenvolvidas e aperfeiçoadas mediante sua correta utilização*. À medida que avançarmos neste livro, descobriremos as dicas oferecidas pelos escritos de São Tomás e iremos também praticá-las.

Quanto à "asa da fé", Tomás sabia muito bem que "a graça não tolhe, mas aperfeiçoa a natureza; importa que a razão humana preste serviços à fé, assim como a inclinação natural da vontade está às ordens da caridade"[8]. Além disso, "quando o homem tem a vontade preparada para crer, ama a verdade em que crê, medita sobre ela e a abraça, caso descubra razões que o levem a tal. Nesse sentido, não exclui a razão humana o mérito da fé; antes, é sinal de maior mérito"[9].

---

6 Papa João Paulo II, Carta encíclica *Fides et ratio*, preâmbulo. O papa Bento XVI também falou da "amizade" entre a razão e a fé em seu discurso papal de 24 de março de 2010.
7 *Suma teológica*, II-II, q. 49, art. 1.
8 *Ibidem*, I, q. 1, art. 8.
9 *Ibidem*, I-II, q. 1, art. 10.

É evidente, portanto, que Tomás sabia que Deus nos dotou de razão por um motivo — para encontrar a verdade no mundo ao nosso redor e para servir à fé que nos guiará à Verdade na eternidade. Portanto, depende de nós desenvolver nossas capacidades naturais de pensamento, tanto com o cultivo e a prática das artes que as aperfeiçoam no plano natural, quanto tornando-nos mais abertos às graças do alto que as elevarão aos patamares celestes.

Como pensar feito Tomás de Aquino?

Todos podemos nos aproximar do pensamento de Tomás de Aquino em três passos:

Leitura e reflexão do que ele escreveu especificamente sobre o pensamento, o estudo e a natureza da perfeição do intelecto humano.

Observação dos métodos de pensamento que São Tomás empregou em suas grandes obras, como a *Suma teológica* e suas mais de três milhões de palavras.

Prática e atenção ao que ele pregou e ensinou, valendo-se para isso dos exercícios simples que estão ao longo deste livro.

Quanto ao primeiro passo, nosso modelo de orientação será a breve, elegante e encantadora "Carta de São Tomás ao irmão João sobre o modo de estudar". Examinaremos essa carta integralmente, intercalando nossas reflexões (de acordo com o segundo passo) com *insights* retirados de outras grandes obras de São Tomás e de textos de outros grandes tomistas modernos, estudiosos da sabedoria filosófica e teológica de São Tomás de Aquino. Também exploraremos alguns acontecimentos importantes da vida de Tomás para observar como ele mesmo viveu os princípios que ensinou aos outros.

Quanto ao terceiro passo, cada capítulo será concluído com um exercício simples, pensando para nos ajudar a absorver, reter e expandir a riqueza das pérolas de sabedoria contidas em cada capítulo sobre o Aquinate[10].

Que lugar melhor do que este prólogo para mergulhar na introdução à carta de Tomás ao irmão João? Aqui vamos nós.

Rumo a um tesouro de sabedoria

A autenticidade desta carta — se foi ou não escrita por São Tomás — tem sido questionada por alguns estudiosos. Não sabemos, por exemplo, quem foi esse irmão João ou quando a missiva foi escrita. Ainda assim, Tomás era conhecido por dedicar seu tempo para responder a cartas de pessoas que solicitavam seus conselhos. Além disso, alguns comentadores, incluindo o padre White e o padre Sertillanges, notam que o conteúdo desta carta é bastante coerente com as afirmações encontradas nos outros escritos de Tomás. O valor dela, portanto, é inquestionável para aqueles que se empenharão em pensar como Tomás de Aquino.

Vamos, então, mergulhar e refletir sobre ela:

> Perguntaste-me, irmão João, caríssimo em Cristo, como convém estudar de modo a que chegues a lograr o tesouro do conhecimento. Estes são os conselhos que te dou; deves optar pelos riachos, e não lançar-te de pronto ao mar; pois é conveniente que do mais fácil desemboques no mais difícil.

A primeira lição está em que, para pensar como Tomás de Aquino, é preciso centrar em Jesus Cristo os próprios pen-

---

10 Na encíclica *Aeterni Patris*, de 4 de agosto de 1879, o Papa Leão XIII exortou a Igreja a "restaurar a sabedoria de ouro de Tomás e difundi-la por toda parte, para a defesa e beleza da Fé Católica, para o bem da sociedade e para o benefício de todas as ciências".

samentos e afetos. Uma segunda é a de que o conhecimento é na verdade um tesouro legítimo a ser buscado pelos seguidores de Cristo. Cristo declarou que o que mais estimamos revela os desejos do nosso coração e que deveríamos buscar não tesouros terrenos, mas celestiais (cf. Mt 6, 19-21). Fica então evidente que buscar a verdade é um desejo oportuno e que se cumprirá plenamente com a visão beatífica de Deus, a Verdade[11]. Enquanto isso, aqui na terra, para alcançar a verdade, são necessários tanto o suor dos nossos rostos quanto a aplicação de métodos corretos.

Tomás revela que o primeiro desses métodos consiste em aproximar-se do vasto mar do conhecimento através de riachos menores e mais navegáveis. Aprendemos coisas novas comparando e contrastando-as com coisas que já conhecemos, ampliando assim, pouco a pouco, os canais do nosso saber. Vemos isso, por exemplo, no modo como aprendemos os números: primeiro descobrimos como contar, ao que avançamos para a adição, subtração, multiplicação e divisão, para enfim passar a funções matemáticas superiores, como álgebra, geometria etc. Quem poderia sobreviver aos mares profundos dos cálculos sem tê-los atingido através dos pequenos riachos que só aos poucos se vão ampliando? Além disso, nós navegamos por esses riachos e alcançamos canais mais amplos e profundos sob a tutela de nossos professores, que têm viajado rio acima bem antes de nós.

Tudo isso é elementar, embora Voltaire tenha dito que "o elementar não é tão elementar" — e embora, ironicamente, também percebamos que muitas vezes esse elementar falte

---

11   Da perspectiva do homem, a verdade é a correspondência entre a realidade e a nossa compreensão dela, a conformidade entre coisa e pensamento. Não só as coisas criadas se conformam ou correspondem ao pensamento de Deus, mas "o seu inteligir é a medida e a causa de qualquer outro ser e de qualquer outro intelecto". A verdade não existe apenas *em* Deus — como pode existir em nós —, mas "Ele é a própria verdade, e a verdade soberana e primeira" (*Suma teológica*, I, q. 16, art. 5).

a tantos dos herdeiros de Voltaire que criticam a Cristo e a Igreja. Com isso refiro-me a alguns ateus modernos que navegam pelos rios do conhecimento de suas próprias áreas de especialidade, como a matemática ou a biologia, e depois mergulham diretamente nos oceanos da filosofia e da teologia sem nenhuma percepção do quão distantes estão da sua profundidade. No entanto, esta é outra história — a qual examinaremos um pouco mais adiante.

Por enquanto, observemos que o conselho de Tomás em sua carta refere-se não somente ao estudo, mas a um "estilo de vida". No restante deste livro navegaremos por essas correntes de conhecimento e beberemos do resto de seus conselhos para que também possamos pensar como Tomás de Aquino, pois pensar como o Aquinate é esforçar-nos para viver a verdade que buscamos, imitando Aquele que é "o caminho, a verdade e a vida".

Em busca de verdades mais profundas

O objetivo de cada capítulo da primeira parte deste livro consiste em nos ajudar a navegar por esses pequenos riachos de aprendizado rumo aos vastos mares do conhecimento, com o "capitão" São Tomás à dianteira do barco. Esperamos que todos aproveitem a viagem, mesmo com algumas dificuldades que possam causar certo enjoo intelectual. Para aqueles que gostariam da experiência de navegar em mar aberto, avançaremos um pouco mais na segunda parte do livro. Esses mares são, na verdade, cheios de perigos, pois nos conduzem ao reino dos pensamentos abstratos, das ideias universais, de premissas, argumentos e conclusões que ameaçam afundar tantos navios em nossos dias. Esse será o conteúdo dos três últimos capítulos da segunda metade deste livro.

Em suas inúmeras obras, Tomás escreveu extensamente sobre a natureza, a importância e a perfeição da razão humana. A virtude da prudência, ou da "sabedoria prática", por exemplo, é descrita como a "reta razão aplicada à ação". Parte do raciocínio correto está em saber como identificar o raciocínio errado quando nos deparamos com ele! O Capítulo 11 traz uma análise de vinte falácias lógicas comuns, as quais iremos analisar depois de abordar brevemente a natureza da própria razão e a história de como o poder da razão fez de São Tomás o herói de uma história popular de ficção científica do século XX. O Capítulo 12 expõe vinte suposições éticas e filosóficas errôneas, assim como cosmovisões, ideologias ou "ismos" que causam estragos em nosso mundo hoje; o Capítulo 13 abarca dez heresias e meias-verdades que têm assaltado os católicos ao longo dos séculos, alguns dos quais ainda vivem — embora debilitados — em nossos dias.

Podemos considerar as falácias do Capítulo 11 como *afrontas à lógica;* os erros do Capítulo 12, como *afrontas à filosofia* em geral — especialmente à metafísica (o estudo do *ser*), à epistemologia (o estudo do conhecimento) e à ética (o estudo do comportamento moral); e as heresias e meias--verdade no capítulo 13, como *afrontas à fé*.

Uma ajuda ulterior para pensar (ainda mais) como Tomás de Aquino

Prescrições do doutor

O "Doutor" aqui é o "Doutor Angélico" São Tomás de Aquino, é claro. Nesses breves ensaios você encontrará prescrições, algumas extraídas diretamente do "bloco de prescrições" de São Tomás, sobre como desenvolver a virtude examinada em cada capítulo. As seções *Refletir*, *Ler* e *Recor-*

dar incluem exercícios para melhorar a capacidade de recordar todas as lições essenciais desta obra, a fim de guiá-lo às fontes de um aprendizado posterior e ajudá-lo a praticar as potências intelectuais que lhe foram ministradas por Deus.

Tabela mnemônica

Ah, sim — quase me esqueci: em tabelas bem práticas, forneço um resumo dos exercícios de memorização que vão aparecendo ao longo da segunda metade do livro. Você também notará que, durante todo o processo, nos concentraremos no pensamento prático e na excelência dos hábitos de estudo. Incluo exemplos reais e práticos destes princípios de pensamento a partir das biografias de São Tomás, de outros santos e sábios e, às vezes, das minhas próprias experiências de vida (a vida com a qual tenho mais intimidade).

Tendo o Doutor Angélico como guia, vamos ao que interessa para ver como alcançar felicidade e santidade aperfeiçoando as capacidades intelectuais que podem nascer do esforço para pensar como Tomás de Aquino.

PARTE I

OS RIACHOS DO CONHECIMENTO

CAPÍTULO 1

Fale devagar e conserve um grande coração e intelecto

Seja lento ao falar e atinja lentamente a todos.

Docilidade: o desejo de ser ensinado

Quem melhor para ensinar a aprender do que um dos maiores mestres do mundo e o santo padroeiro dos estudiosos? Tomás, ecoando Aristóteles, escreve que "a característica daquele que possui a ciência é a habilidade de ensinar"[1]. Isso acontece porque um aprendiz "tem potencial" para o aprendizado; ou seja, ele tem um ativo, mas ainda irrealizado; tem *potencial* para adquirir um novo conhecimento, mas deve ser conduzido àquele conhecimento por alguém em quem esse conhecimento já encontra-se *atualizado,* alguém que já sabe o que o estudante está tentando aprender. Como se não bastasse o potencial fora do normal, e talvez insuperável, para o aprendizado, São Tomás era sempre extremamente dócil, isto é, disposto a aprender com os outros. "Docilidade" deriva da palavra latina *docere* — ensinar.

---

1 São Tomás de Aquino, *Commentary on the Nicomachean Ethics*. Notre Dame, In: Dumb Ox Books, 1993, p. 366. Aqui, a palavra "ciência" é usada em seu sentido mais amplo, sinônimo de "conhecimento" — do latim *scire*, "saber".

A docilidade parece ter perdido sua relação com o desejo de ser ensinado e assumiu conotações de passividade e subserviência, de algo a ser evitado. Mas a docilidade de Tomás não poderia ter sido mais vibrante e ativa. Ele buscou conhecimento acerca das coisas mais elevadas e procurou os melhores professores — tanto os vivos, como seu mentor Santo Alberto Magno, quanto os que não estavam mais vivos, como os maiores filósofos e Padres da Igreja que tinham vivido antes dele, em especial Santo Agostinho e Aristóteles, cujos nomes e escritos figuram centenas de vezes na *Suma teológica*.

O maior de todos os mestres de Tomás, no entanto, foi Jesus Cristo, o Deus-Homem e "mais excelente dos professores", que ensinou não por meio de escritos, mas por "seu modo de ensinar, que consistia em imprimir a sua doutrina no coração dos ouvintes", e, "como quem tem autoridade", das palavras e dos atos de sua vida[2].

Tomás não só devorou os ensinamentos de seus mentores humanos, mas também os digeriu, alterou, corrigiu e, por vezes, aperfeiçoou, fazendo das verdades que eles tinham descoberto as suas próprias, mediante uma vida inteira de reflexão e experiência. Foi seu zelo ao longo de toda a sua vida de estudante, ajudado pela graça de Deus, que recompensou Tomás com o conhecimento e a sabedoria, capacitando-o tão bem para ensinar os outros.

Neste capítulo, examinaremos algumas das maneiras pelas quais ele nos ensina a querer aprender e a adquirir o tipo de conhecimento que um dia pode nos transformar naquele mestre que ajuda a espalhar a preciosa sabedoria de São Tomás de Aquino, cheia de valiosas pepitas colhidas não

---

2 *Suma teológica*, III, q. 42, art. 4, citando Mt 7, 29.

somente da terra, mas da boa-nova do maior dos mestres: Jesus Cristo.

Primeiro, olharemos para a breve carta que São Tomás escreveu quando o irmão João lhe pediu dicas de estudo; em seguida, exploraremos a fundo o significado de seu primeiro e simples preceito: "Sê lento para falar e lento para adentrar o parlatório" (o salão onde as pessoas conversam).

Carta de São Tomás ao irmão João sobre como estudar

Perguntaste-me, irmão João, caríssimo em Cristo, como convém estudar de modo a que chegues a lograr o tesouro do conhecimento. Estes são os conselhos que te dou; deves optar pelos riachos, e não lançar-te de pronto ao mar; pois é conveniente que do mais fácil desemboques no mais difícil.
Eis, pois, os meus conselhos sobre o modo de viver:

Sê lento para falar e lento em chegar aonde se fala.
Conserva a pureza de consciência.
Não deixa de entregar-te à oração.
Satisfaz-te em frequentar tua cela se quiseres ser introduzido na adega do vinho da sabedoria.
Mostra-te amável com todos ou, ao menos, busca fazê-lo; não sejas demasiadamente íntimo de ninguém, pois o excesso de familiaridade gera o menosprezo e ocasião de subtrair tempo ao estudo.
Não tomes parte de maneira alguma nas palavras e obras dos homens do mundo.
Foge sobretudo das conversas inúteis.
Não deixes de seguir o rastro dos santos e dos homens de bem.
Não olhes quem diz, mas aquilo que disser de bom confia à vossa memória.
Trata de compreender aquilo que lês e ouves, e esclarece sempre tuas dúvidas.
Coloca tudo o que puderes no cofre de tua mente, como quem deseja encher copo.
"Não procures o que é elevado demais para a tua capacidade"[3]

---

3 "Não procures o que é elevado demais para ti" (Eclo 3,21).

Segue as pegadas do bem-aventurado Domingos, que gerou coisas úteis e folhas, flores e frutos maravilhosos na vinha do Senhor dos Exércitos enquanto teve vida. Se seguires estes passos, serás capaz de alcançar o que bem desejares. Adeus!

Sobre os benefícios de dedicar-se ao intelecto antes de à língua

Em nossa introdução, tratamos do primeiro parágrafo de Tomás. Seu conselho inicial — ser lento ao falar — lembra a velha máxima: "Águas tranquilas, águas profundas". Certamente, há significado no fato de todos os preceitos de Tomás serem lugares-comuns, pequenos conselhos ordinários que fariam parte dos chavões que algumas avós ou pais experientes poderiam compartilhar. Talvez seus pais ou avós até lhe tenham dito há muito tempo que Deus nos deu *dois* ouvidos e *uma* boca! Bem, há uma boa razão para essas máximas tornarem-se chavões ao longo do tempo. Na verdade, o verdadeiro risco está em esquecermos delas. "O mundo está em perigo por falta de máximas estimulantes", escreveu o padre Sertillanges algumas gerações atrás[4]. Este primeiro bocado de sabedoria também é bíblico: "Pronto para ouvir, porém tardo para falar" (Tg 1, 19); "mesmo o insensato passa por sábio quando se cala; por prudente, quando fecha sua boca" (Pr 17, 28). Abraham Lincoln, impregnado pelas Escrituras, brincava: "É melhor permanecer em silêncio e parecer tolo do que abrir a boca e não deixar dúvidas!".

Ser lento para falar implica em que devemos *pensar* antes de falar; *ouvir* os outros enquanto falam, mais do que simplesmente preparar a nossa resposta; e também reservar um

---

4 A. D. Sertillanges e Mary Ryan, *The Intellectual Life: Its Spirit, Conditions, Methods*. Westminster: Newman Press, 1948, p. 21.

tempo para, primeiro, ouvir esse Deus que fala dentro de nós, a fim de que o Espírito Santo possa nos ensinar o que dizer (cf. Lc 12, 12). A lentidão no falar desenvolve a nossa docilidade tanto em relação aos professores deste mundo quanto ao Mestre Celestial.

Em relação a essa primeira máxima é muito claro, se olharmos para a sua vida, que Tomás praticou o que pregava. Com efeito, foi assim que ele ganhou seu apelido de "o boi mudo"! Tomás mal tinha saído da adolescência quando foi para a Universidade de Paris estudar com seu grande mentor, Santo Alberto Magno, o quintessencial professor alemão que se tornaria o santo patrono dos cientistas. A julgar pela estrutura corporal maciça de Tomás e seu comportamento bastante quieto, seus colegas estudantes presumiram que ele era um caipira não lá muito brilhante e o apelidaram desse modo. Certo dia, um de seus mais estimados colegas se ofereceu para "ajudar" o jovem "boi" com uma lição complicada. O taciturno Tomás começou a explicar-lhe uma passagem, e o fez com uma compreensão tão profunda que o estudante ficou de queixo caído.

Santo Alberto, seu mestre, sabia o tempo todo da prodigiosa capacidade mental de Tomás. Havia dito aos seus estudantes que o "mugido" do boi mudo um dia seria ouvido no mundo todo. Irmão João procurou esse *mugido* naquela época, e hoje cá estamos nós, de todas as partes do mundo, ouvindo os seus sábios mugidos quase oitocentos anos depois.

Tomás dá aqui outro conselho, cultivado em sua experiência de vida religiosa comunitária. Ele aconselha ao irmão João que não busque com tanta presteza a sala de convivência se o propósito for meramente conversar, distraindo-se das coisas que realmente importam. Podemos pensar nas tantas salas assim que frequentamos em nossas próprias vidas — seja o cantinho do café no escritório, as redes sociais, o vestiário da academia, um barzinho local... — e questionar se os adentramos ansiosamente e com demasiada frequência, desperdiçando um tempo que seria mais bem aproveitado em empreendimentos de maior importância.

Prescrições do doutor

Receita para domar a língua e desbloquear a mente.

Refletir

Que lições tocaram o seu coração neste capítulo? Você já é versado na docilidade, dispondo-se a aprender com quem tem os conhecimentos e as perspectivas que lhe faltam? Tem o impulso de falar sem pensar, às vezes com resultados desastrosos? Se sim, será que não poderia diminuir um pouco o ritmo e treinar a sua língua para *olhar para os dois lados antes de atravessar a rua*? Você gostaria de refletir e crescer em conhecimento, mas é muito reservado para falar e partilhar com os outros o que tem aprendido? Um mote da Ordem Dominicana, à qual pertenceu São Tomás, exorta a "partilhar com os outros os frutos da contemplação". O próprio Tomás escreveria: "Pois, do mesmo modo como é mais o iluminar do que somente luzir, assim também é mais transmitir aos outros o fruto da contemplação que somente contemplar"[5]. Sem falar em que o maior de todos os Mestres nos aconselha a não esconder nossas lâmpadas debaixo do alqueire e não desperdiçar nossos talentos enterrando-os no chão (cf. Mt 5, 14-16; 25, 14-30).

---

5 *Suma teológica*, II-II, q. 188, art. 6.

Ler

No volume de Victor White sobre a *Carta de São Tomás ao irmão João* podem ser encontrados maravilhosos *insights* sobre o texto. Se puder, vá atrás de uma cópia. Publicado pela primeira vez em 1947, consiste em pouco mais de quarenta deliciosas páginas. Felizmente, muito mais acessível é a mencionada obra-prima de A. D. Sertillanges: *A vida intelectual: seu espírito, condições, métodos*. Publicado na França em 1920, esse livro também é inspirado na carta de Tomás e contém muitas páginas de elaboradas reflexões. São Tomás também escreveu específica e brevemente sobre a docilidade como parte da virtude da prudência: veja-se sua *Suma teológica*, II-II, q. 49, art. 3. Entre outros escritos de Tomás relacionados ao aprendizado encontra-se o *De magistro*.

Recordar

Tomás foi um mestre do aprendizado, do raciocínio, bem como um mestre da memória (como veremos no capítulo 7). Neste ponto de nossa viagem rio acima, irei simplesmente convidá-lo a memorizar a síntese do sentido (não as palavras exatas, que estão em latim!) de pelo menos uma das lições de cada capítulo. Para quebrar seu galho: o título do capítulo 1 é "Fale devagar e conserve um grande coração e intelecto", e ele aborda o seguinte preceito tomista: "Sê lento para falar e lento para adentrar o parlatório". Ouvir antes de falar é certamente uma lição-chave que vale a pena recordar.

Pegou? Boa! Agora vamos continuar nosso trajeto rumo ao que São Tomás nos revela a respeito da consciência pura e do hábito da oração frequente, os quais nos irão conduzir não só ao conhecimento, mas também à felicidade e à santidade.

CAPÍTULO 2

O poder
da oração pura

Conserva a pureza de consciência.
Não deixa de entregar-te à oração.

Como a pureza de coração beneficia a mente

Estudamos para buscar a verdade, e a própria Verdade declarou "bem-aventurados os puros de coração, porque verão a Deus" (Mt 5, 8). Somente quando nosso *coração*, nossa *consciência* e nossa *vontade* são puros, livres das distrações da tentação e das máculas do pecado, o nosso intelecto pode olhar claramente para a verdade. A prudência é a virtude que guia as virtudes morais da temperança, fortaleza e justiça, *mas também depende delas*. É por meio do exercício de virtudes como o autodomínio e a coragem que conseguimos disciplinar nossas mentes para nos concentrar no que é verdadeiramente importante e agir, em seguida, no intuito de concretizá-lo. A virtude moral fortalece e estimula nossas capacidades de entendimento para que elas possam melhor "acessar o cerne das coisas". Não alcançaremos as alturas da virtude intelectual à maneira de Tomás, do conhecimento do que é verdadeiro, sem ao mesmo tempo ir subindo e crescendo na virtude moral de se esforçar por buscar o que é verdadeiramente bom.

São Tomás esteve bem ciente do quanto as tentações de impureza sexual e de outros pecados corporais podem afastar nossos corações e mentes das coisas que realmente importam. Escrevendo sobre as "filhas" do vício da *acídia* (ou preguiça espiritual), ele declarou, fazendo eco a Aristóteles, que "aqueles que não podem fruir dos prazeres espirituais buscam os corpóreos"[1].

Na verdade, quando Tomás, ainda jovem, decidiu dedicar a vida a pregar e ensinar o Evangelho de Cristo como membro da nova e humilde Ordem Dominicana, seus irmãos biológicos ficaram tão indignados que o capturaram na estrada para Paris e levaram-no de volta para o castelo da família. Chegando lá, esforçaram-se declaradamente para afastar de sua mente as coisas espirituais, expondo-o a uma fortíssima tentação ligada ao prazer físico. Fizeram entrar em seu quarto uma cortesã jovem e bela, a qual Tomás, empunhando um pedaço de pau em brasa retirado da lareira, expulsou do recinto, traçando o sinal da Cruz na madeira da porta depois de batê-la. Relata uma piedosa lenda que nesse momento os anjos vieram em seu auxílio e lhe deram um cinto de castidade, ao que ele nunca mais foi tentado pelos prazeres sensuais e corporais, tendo mergulhado totalmente nas alegrias do intelecto e do espírito.

Todos temos corpos, temperamentos e disposições diferentes, e alguns de nós, naturalmente, sofrem maiores tentações do que outros. Quando jovem, Santo Agostinho entoou a famosa oração na qual pedia a Deus que lhe desse castidade, "mas não agora". São Paulo escreveu sobre a guerra entre a carne e o espírito e sobre o quão fácil é, para os homens carnais, deixar de fazer as boas coisas que querem para fazer o mal que não querem (cf. Rm 7, 13-22), ecoando

---

1 *Suma teológica*, II-II, q. 35, art. 4, citando Aristóteles, *Ética a Nicômaco*, livro 5, cap. 6.

a advertência de Cristo a Pedro: "O espírito está pronto, mas a carne é fraca" (Mt 26, 41).

Tomás teceu um conselho bastante abstrato, mas extremamente prático, que pode fazer o espírito avançar na luta para dominar a carne e, assim, concentrar-se nas coisas mais altas: "Por isso o melhor remédio para evitarmos a intemperança é não nos demorarmos na consideração de particularidades"[2].

A luxúria, o mais poderoso desafio à virtude da temperança e da pureza de coração, prospera nas particularidades, sobretudo na exibição de imagens sedutoras de corpos expostos. Infelizmente, os anunciantes e os provedores da mídia popular conhecem o assunto tão a fundo que somos perpetuamente bombardeados por imagens propositalmente projetadas para despertar nossos desejos — seja em programas de televisão, seja em comerciais, filmes, jornais, revistas, ou nos inevitáveis *outdoors* à beira das estradas. O jeito de se vestir, as atitudes e o comportamento promovido por eles afetam o traje e a conduta de homens e mulheres de carne e osso. Nós, do sexo masculino, por nossa própria natureza, sentimo-nos especialmente propensos a nos distrairmos com essas imagens. O que, então, devemos fazer?

São Tomás sugere que nos concentremos no oposto dessas "particularidades" que *agarramos* com nossos sentidos como fazem os animais; a saber: devemos voltar nossa atenção para os "universais", os quais só nós, seres humanos, podemos apreender através dos atributos intelectuais dados por Deus. Em vez de se concentrarem nesta ou naquela mulher em particular, tentem se concentrar na "mulher". Em vez de se concentrar, e talvez depois desejar, uma mulher determinada, tente se concentrar em seu papel de filha ou

---

2 *Suma teológica*, II-II, q. 142, art. 3.

irmã, quiçá de esposa ou mãe — atual ou futura — de outra pessoa. Em vez de imitar o Don Juan "galanteador", que cobiça mas não ama de verdade as mulheres, por que não imitar o homem que demonstra verdadeiro amor pelas mulheres, honrando-as e respeitando-as? Por que não se tornar mais familiarizado com a Teologia do Corpo, do Papa João Paulo II, para adquirir uma compreensão mais bela da verdadeira maravilha que é o fato de Deus ter-nos feito homens e mulheres? O casal abençoado com o sacramento do matrimônio pode tratar um ao outro com especial atenção amorosa, mas também devem amar em vez de cobiçar — amando-se na carne, mas nunca vendo ou usando o outro como carne apenas.

A preguiça espiritual, escreveu São Tomás, abre caminho para a luxúria; ele sabia, como se viu, que "os que não podem fruir dos prazeres espirituais buscam os corpóreos"[3]. Para refrear a luxúria, então, devemos focar nas mais altas coisas divinas, de onde flui o amor. Os puros de coração, afinal, verão a Deus.

Independentemente da natureza ou da intensidade de nossas tentações, também temos acesso à graça de Deus, remédio último para os anseios do corpo que nos afastam da contemplação e das alegrias espirituais. Como tão bem declarou o Padre oriental São João Clímaco:

> Não esperes destruir o demônio da fornicação apenas discutindo com ele, pois a natureza é sua aliada, e assim ele vence a discussão. Quem estiver resolvido a lutar contra a carne e a conquistá-la, é em vão que luta. A não ser que o Senhor derrube a casa da carne e edifique a casa da alma, o homem que desejar destruí-la terá vigiado e jejuado em vão. Oferece ao Senhor a tibieza de tua natureza, reconhecendo por com-

---

3   *Ibidem*, II-II, q. 35, art. 4.

O poder da oração pura

pleto tua própria incapacidade, e então, sem o notares, serás agraciado com o carisma da castidade[4].

Não são apenas os pecados da luxúria que podem tornar impura a nossa consciência. Se quisermos pensar como Tomás de Aquino, devemos nos esforçar contra cada espécie de pecado e pedir a Deus que nos ajude na batalha; devemos também agradecê-Lo quando sairmos vitoriosos. Isso nos leva, então, ao próximo preceito de Tomás.

O poder da oração para aperfeiçoar nosso pensamento (e ação)

A oração é o meio fundamental para adquirir virtude: "Se a algum de vós falta sabedoria, peça a Deus, que a distribui generosamente a todos os homens" (Tg 1, 5). Tomás, nosso grande pregador e mestre, claramente praticava o que pregava e ensinava, creditando seu vasto conhecimento mais à oração do que ao estudo! Veja as palavras de seu amigo íntimo, o irmão Reginaldo de Piperno, citado no processo de canonização de Tomás: "Quando perplexo com uma dificuldade, ajoelhava-se e rezava; e então, ao retornar à escrita e ao ditado, costumava descobrir que seu pensamento tinha se tornado tão mais claro que parecia mostrar-lhe internamente, como num livro, as palavras de que precisava"[5]. Todos podemos desenvolver essa prática de oração para superar o bloqueio do escritor (ou do estudante)!

Além disso, como o padre White deixa claro: "Somente na oração ficamos face a face com o Mestre, *qui solus interius et principaliter docet*, e sem a sua luz e assistência constante

---

4 São João Clímaco, *A santa escada do Paraíso*, 173.
5 Citado por Mary Carruthers, *The Book of Memory: A Study of Memory in Medieval Culture*. Nova York, Cambridge University Press, 1990, p. 6.

nada podemos aprender"[6]. Apenas na oração travamos contato direto com aquele Mestre definitivo e Criador de todas as verdades, e é por isso que lhe devemos submeter todos os nossos estudos.

Padre White cita um trecho da *Suma teológica*[7] no qual Tomás observa que alcançamos a verdade de *dois modos*. No primeiro, recebemos a verdade de fora. Para acessar tais verdades diretamente de Deus, o nosso meio é a *oração*. Ele cita as palavras do Livro da Sabedoria: "Invoquei o Senhor e veio a mim o espírito de sabedoria". No que diz respeito às verdades a que chegamos por intermédio de outras pessoas, nossos meios são *ouvir* a palavra falada e *ler* as Sagradas Escrituras. O segundo método, pelo qual chegamos à verdade mediante nossas ações, requer *estudo* pessoal e *meditação*.

A oração é, então, o meio que nos foi dado por Deus para adquirir sua sabedoria. Ao tratar dos vários atos da virtude da religião, Tomás escreve: "De acordo com Cassiodoro, *oração (oratio)* significa como que *razão vocal (oris ratio)*"[8]. O discurso e a razão são potências do intelecto, e assim a oração não é um ato das potências inferiores dos sentidos que partilhamos com os outros animais, mas uma de nossas capacidades intelectuais exclusivamente humanas.

Seres inferiores como os animais não têm a capacidade de rezar. Quando o Salmo 146, 9 nos diz que Deus dá o alimento às feras e aos corvos que O invocam, refere-se ao desejo instintivo natural inscrito por Deus nos animais, e não à oração verdadeira.

O próprio Deus não reza porque não há nada que Ele necessite de outro ser. Além disso, a oração é um ato da razão,

---

6   São Tomás de Aquino e Victor White, *How to Study: Being the Letter of St. Thomas Aquinas to Brother John, De Modo Studiendi.* Oxford: Oxonian Press, 1953, p. 23.
7   *Suma teológica*, II-II, q. 180, art. 3, ad. 4.
8   *Suma teológica*, II-II, q. 83, art. 3.

O poder da oração pura

que consiste em suplicar ou pedir coisas a um ser superior. Nenhum ser está acima das Pessoas Divinas.

A oração, portanto, é o território do animal racional, e esse animal é o homem. Tomás observa que a oração é essencialmente "a elevação do intelecto a Deus"[9]. Além disso, as "partes" da oração incluem a *súplica* (pedidos humildes) e a *ação de graças* pelas bênçãos providenciadas por Deus.

São Tomás, mestre da filosofia e da lógica, também foi mestre de oração. Escreveu a liturgia da festa de Corpus Christi que o Papa Urbano V instituiu em 1264. As belas e eufônicas orações que criou são usadas nas Missas até os dias de hoje, entre elas hinos oracionais gloriosos, como o *Lauda Sion Salvatorem*, o *Pange lingua*, o *Tantum ergo* e o sublime *Panis angelicus*[10].

Tomás sabia bem o que o padre Sertillanges tão elegantemente declarou: "Para que a luz de Deus desça a vossas lamparinas, é necessário que as vossas almas a peçam sem cessar"[11]. Ele até compôs uma oração especial que recitava antes dos estudos. Eis um breve excerto:

Criador inefável,
que, no meio dos tesouros da Vossa sabedoria,
elegestes três hierarquias de anjos
e as dispusestes numa ordem admirável
acima dos Céus,
que dispusestes com tanta beleza as partes do universo [...].
Dai-me a penetração da inteligência,
a faculdade de lembrar-me,

---

9   *Ibidem*, II-II, Q. 83, art. 17

10   Somos abençoados por ter suas gravações em muitas versões gratuitas on-line digitando apenas alguns nomes, clicando um mouse ou movendo os dedos. Incentivo o leitor a buscá-los e apreciá-los. De fato, ler as reflexões de Tomás enquanto ouvimos seus hinos de fundo pode nos ajudar a pensar e amar a Deus como nosso santo.

11   Sertillanges e Ryan, *The Intellectual Life*, p. 15.

o método e a facilidade do estudo,
a profundidade na interpretação
e uma graça abundante de expressão.
Fortificai o meu estudo,
dirigi o seu curso, aperfeiçoai o seu fim,
Vós que sois verdadeiro Deus e verdadeiro homem,
e que viveis nos séculos dos séculos.

A lição não poderia ser mais clara: se queremos *pensar* como Tomás de Aquino, devemos também *rezar* como ele[12]!

Prescrições do doutor

Receita para desenvolver uma consciência pura e uma poderosa vida de oração

Refletir

Qual das lições de Tomás neste capítulo mais o impactou? Você percebe a necessidade de purificar sua consciência, de dominar suas paixões e desejos, para se concentrar mais claramente em apreender a vontade de Deus e guiar sua vida segundo seu amável conselho? Percebe o quanto a oração nos ajuda a alcançar a pureza de consciência e a aperfeiçoar nossas capacidades intelectuais pela abertura de nossas mentes à iluminação divina? Se você não tem uma rotina regular de oração, como poderia reorganizar o seu horário para incluir ao menos uns poucos minutos de oração diária?

---

12 Não necessariamente nas mesmas palavras de Tomás, mas como um hábito arraigado, buscando o mesmo tipo de amor intenso, a devoção ponderada e a gratidão sincera a Deus.

Ler

Tomás escreveu longamente sobre a virtude da temperança, que domina nossas paixões[13]. Em relação ao tema da oração, também fomos muito agraciados por Tomás e pelos tomistas. São Tomás trata do tema da oração em um total de dezessete artigos, na *Suma*, II-II, q. 83. *O Livro de orações de Tomás de Aquino* reúne muitas das maravilhosas orações de São Tomás, que também pregou sermões maravilhosos comentando linha por linha o Credo Apostólico, o Pai-nosso e a Ave-Maria. Também recomendo enfaticamente *Aquinas at Prayer: The Bible, Mysticism and Poetry,* de Paul Murray[14]. Murray argumenta que, por causa das belas orações que criou, Tomás, nosso *pensador* extraordinário, também foi o maior *poeta* latino da Idade Média (e tendo a concordar com ele!).

Recordar

Convido o leitor a relembrar o título deste capítulo ou a essência da recomendação de São Tomás pela busca de uma consciência pura. Se me for possível sugerir outra coisa importante, cogite rezar a oração de Tomás toda vez que for sentar-se para estudar, até decorá-la.

---

13   *Suma teológica*, II-II, q. 141-70.
14   Paul Murray, *Aquinas at Prayer: The Bible, Mysticism and Poetry.* Londres: Bloomsbury Continuum, 2013.

CAPÍTULO 3

Da cela para a adega: um espaço de estudo que você consiga amar

Satisfaz-te em frequentar tua cela se quiseres ser introduzido na adega do vinho da sabedoria.

Os aposentos do rei

Os amantes do vinho observarão que, enquanto Tomás certamente via a bebida como algo bom quando consumida moderadamente — ecoando, na *Suma teológica,* o livro do Eclesiástico 31, 27: "O vinho é como vida para os homens, se bebido com moderação"[1] —, aqui ele fala ao irmão João em sentido metafórico. A adega recorda as palavras não do Eclesiástico, mas do rei Salomão, ali onde ele fala dos aposentos do rei, o lugar em que Deus nos chama para habitar com Ele[2].

Esse conselho é um chamado ao *amor pela solidão,* à capacidade de abraçar e desfrutar da graça de estar sozinho com Deus para receber os benefícios espirituais e intelectuais que esse convívio íntimo traz. Na simplicidade e no silêncio, preparamo-nos para ouvir a voz de Deus e para concentrar nosso intelecto nas tarefas que Ele quer colocar diante de nós.

---

1   *Suma teológica*, II-II, q. 150, art. 1.
2   Cântico dos Cânticos 1, 4. Na *vulgata latina* que São Tomás usava, o Cântico dos Cânticos de Salomão, 1, 3 usa a palavra *cellaria* para designar as adegas ou armazéns (depósitos).

Empodere seu pensamento com Tomás de Aquino

Podemos nos perguntar se nossa sala de estudos se parece mais com uma solitária cela monástica ou com um centro de entretenimento eletrônico vibrante e pulsante, assediando-nos com sons e imagens que atraem nossas mentes para qualquer lugar, menos para os aposentos do Rei. Se for este o caso, estou certo de que São Tomás nos aconselharia a desligar todos os acessórios desnecessários que nos distraem durante o tempo dedicado ao estudo e à oração[3].

Além disso, será um ato de sabedoria equipar nossos espaços de estudo com o que for necessário: nosso computador, livros, material de escrita e, talvez, um copo de água (ou, ainda melhor, uma xícara de café forte). É claro que nem sempre poderemos estudar em nosso local favorito. Precisamos estar com a mente organizada a ponto de ainda conseguirmos estudar com eficácia enquanto aguardamos o embarque de um voo ou, talvez, um tratamento de canal.

O próprio Tomás era conhecido por sua maravilhosa capacidade de concentração, fossem quais fossem as circunstâncias. Às vezes, ficava tão compenetrado que se desligava do que se passava à sua volta. Em um famoso incidente, absorto em pensamentos em meio a outros convidados à mesa de jantar de São Luís, rei da França, Tomás deu um tapa na mesa e gritou: "Eis uma resposta aos maniqueus!" (Ele estivera ocupado contemplando problemas filosóficos e teológicos

---

3 Cf. Sertillanges e Ryan, *The Intellectual Life*, pp. 168-9. O bom padre Sertillanges defende o que por vezes pode ser uma exceção ao silêncio em meio à solidão: "Quem não sabe que, durante um concerto, o intelectual pode ser tomado por uma impressão de grandiosidade, de beleza, de potência, que se transfere de imediato para seus pontos de vista pessoais, contribui com seus propósitos, dá novo colorido a seus temas habituais e lhe proporcionará, logo mais, uma sessão de trabalho mais rica... A música é preciosa para o intelectual por não especificar nada e, consequentemente, por não constituir empecilho para nada. Ela apenas suscita estados de ânimo cuja aplicação por cada qual a uma determinada tarefa tirará deles o proveito que quiser". (É certo que o Padre Sertillanges não se referia explicitamente a ouvir música *enquanto* se estuda. Ele escreveu isso muito antes do advento dos CDs e computadores. Justifico com isso o uso de música clássica ou do suave canto gregoriano quando do estudo e da escrita. As minhas peças preferidas de música de fundo, a propósito, são as Sinfonias e Missas de Anton Bruckner. Dê uma conferida um dia e... divirta-se!)

enquanto, ao seu redor, os outros *contemplavam* conversa fiada e aperitivos). Tomás tinha desenvolvido a capacidade de carregar sua cela de estudos aonde quer que fosse — até mesmo, literalmente, aos aposentos do rei!

Se atualizarmos e laicizarmos a palavra usada por Tomás, que falava da *cela* do monge ou do frade em lugar da palavra *escritório* usada pelo leigo moderno, veremos que a virtude que ele dominava tão completamente pode já não ser tão adequada; a virtude que cabia bem na *cela* pode não se adequar ao *escritório*. Comecemos, portanto, o estudo desta virtude segundo a perspectiva da nossa casa, mais especificamente do escritório.

A curiositas *matou o gato;* a studiositas *o trouxe de volta*

Em sua consideração sobre a temperança, a virtude do autocontrole, Tomás revela que a *studiositas* (estudo ou "estudiosidade") é uma virtude importante em si mesma. Ele traça um fascinante contraste entre a virtude da estudiosidade e o vicio contrário, o da *curiositas* (curiosidade). A estudiosidade modera o desejo humano natural de conhecer[4] — pois há muito neste mundo! — aquilo que alimenta nossos instintos mais baixos e nos desvia das coisas mais altas.

O vício da curiosidade é o desejo de conhecer e meter-se com coisas que deveríamos deixar para trás. Ele cria e depois se alimenta do tédio e da dispersão. Pense naquele cara com o controle remoto da TV, apertando os botões e *zapeando* sem parar.

---

4 Tomás concordou bastante com a linha inicial da *Metafísica* de Aristóteles, que diz que "todos os homens, por sua natureza, desejam conhecer".

A estudiosidade, por outro lado, é a virtude por meio da qual buscamos não entretenimentos efêmeros, mas sabedoria duradoura, como bem aconselham as Escrituras: "Sê sábio, meu filho, alegrarás meu coração e eu poderei responder ao que me ultrajar"[5].

Tomás define "estudo" como "a aplicação veemente do espírito a um objeto". E acrescenta: "A nenhum objeto o espírito se aplica que não o conheça[6]". A *estudiosidade* regula o nosso desejo de saber e estudar e tem uma função restritiva quando controla os *impulsos intelectuais naturais* de conhecer aquelas coisas que não nos são valiosas e nos levam à distração e, possivelmente, ao pecado. A estudiosidade tem uma função motivadora e positiva quando supera a *resistência natural do corpo* à atenção e à diligência que o estudo prolongado pode exigir. Como acontece com toda virtude natural, nós a fortalecemos pela prática, controlando a curiosidade inútil e lançando-nos sobre os livros quando nossa vontade é a de lançar-nos sobre o celular ou o colchão.

Todo pensador sério, antes de ufanar-se de ter a virtude da estudiosidade, deveria estar ciente de que, sob várias condições, mesmo o estudo das verdades intelectuais pode assemelhar-se mais ao vício da curiosidade do que à virtude da estudiosidade. Tomás observa que o estudo pode ser pecaminoso se movido pelo orgulho — mais pelo desejo de parecer erudito do que pelo desejo da verdade. O estudo também pode ser pecaminoso se alguém busca o conhecimento com o intuito de cometer atos malignos. (Isto pode evocar as cruéis experiências praticadas pelos médicos nazistas, por exemplo.)

Além disso, Tomás observa quatro condições que tornam o estudo pecaminoso em razão da "desordem" do assunto estudado:

---

5 Pr 27, 11, em *Suma teológica*, II-II, q. 166, art. 1.
6 *Suma teológica*, II-II, q. 166, art. 1.

1. Quando uma pessoa desvia de um tópico importante, acaba por dedicar-se a algo menos digno. Tomás dá o exemplo de alguns sacerdotes da época de São Jerônimo que tinham abandonado o estudo dos Evangelhos e dos profetas para entregar-se à leitura de peças de teatro ou entoar cantigas de amor populares. Um exemplo comum em nossos dias seria o dos estudantes absortos na leitura de mensagens em seus celulares enquanto o professor dá aula.

2. Quando alguém busca aprender com pessoas "às quais não é lícito ensinar"[7]. Tomás oferece exemplos de pessoas que procuram conhecer o futuro por meio da consulta aos demônios. Isso é chamado de "curiosidade supersticiosa", e nós a vemos naqueles que são atraídos pelo ocultismo.

3. Quando as pessoas desejam saber a verdade sobre as criaturas ignorando o conhecimento de seu Criador. Vemos isso em alguns cientistas que ignoram ou negam que os organismos ou os fenômenos que estudam sejam *criaturas*, as quais pressupõem uma *criação* e exigem um *Criador*. Na verdade, São Paulo escrevera um milênio antes que, "desde a criação do mundo, as perfeições invisíveis de Deus, o seu sempiterno poder e divindade, tornam-se visíveis à inteligência por suas obras, de modo que não se podem escusar" (Rm 1, 20). O mestre de Tomás, Santo Alberto, percebendo essa verdade, escreveria que "o mundo inteiro é objeto de teologia para nós, porque os céus proclamam a glória de Deus"[8]. O próprio Tomás, admirado com as implicações disso, afirmaria sobre Deus: "Ele produziu muitas e diversas criaturas; assim o que falta a uma, para representar a divina bondade, é suprido por outra. Pois a bondade, existente em

---

7   *Ibidem*, II-II, q. 167, art. 1.
8   *Comentário a São Mateus,* conforme citado em Paul Murray, *The New Wine of Dominican Spirituality: A Drink Called Happiness.* Nova York: Burns and Oates, 2006, p. 93. Cf. Sl 19 (18), 1.

Deus pura e simplesmente, bem como uniformemente, existe nas criaturas de forma multíplice e distribuída. Por onde, com mais perfeição participa da divina bondade e a representa todo o universo do que outra criatura qualquer"[9]. Podemos muito bem perguntar se temos nos treinado para contemplar os traços da beleza e da bondade de Deus nas miríades de criaturas do mundo ao nosso redor.

4. Quando a pessoa estuda para conhecer a verdade acima da capacidade de sua inteligência. Isso não nos recorda nada? "Não procures o que é elevado demais para a tua capacidade", disse o Eclesiástico (3, 21) e São Tomás, em sua carta sobre o estudo. Esse conselho nos revela que devemos estudar dentro dos limites de nossas habilidades, tendo em mente e agradecendo a Deus o fato de também crescer, à medida que se amplia a base do nosso conhecimento, a nossa capacidade de alcançar verdades cada vez mais elevadas.

A virtude da estudiosidade, portanto, controla o nosso desejo de estudar temas inadequados por razões inadequadas e estimula o desejo de aprender as coisas de Deus, mais importantes e sublimes, de acordo com a nossa capacidade, em um círculo virtuoso que aumenta tanto o nosso desejo quanto a nossa capacidade de conhecer o que mais importa.

Felizmente, para nós, o exercício de qualquer virtude traz consigo o prazer sadio que vem de utilizar e aperfeiçoar as capacidades que Deus nos deu. Quando tivermos praticado a ponto de ceder cada vez menos tanto às distrações fugazes da curiosidade quanto às ociosidades da preguiça intelectual, a virtude da estudiosidade nos propiciará prazeres próprios, de modo que passaremos a gostar de estar em nossa cela de estudos nesta terra enquanto esperamos para passar a

---

9 *Suma teológica*, I, q. 47, art. 1.

eternidade desfrutando das glórias do universo pelas próprias mãos do Criador, em seus aposentos celestiais.

Prescrições do doutor

Mais três prescrições para estudar em sua cela.

Refletir

Que lições você tirou deste capítulo? Será que a sua "cela" de estudos não precisa de uma pequena reforma? Você conseguiria se condicionar a desligar-se de potenciais distrações, como e-mail, celular ou televisão, enquanto se dedica aos estudos? Caso tenha a necessidade de verificar o e-mail ou navegar na internet antes de iniciar os trabalhos, será que não valeria a pena estabelecer um limite (cronometrado) de tempo, a fim de evitar desperdícios? Você precisa mesmo organizar sua mesa e prateleiras imediatamente? Já pensou em como tornar mais propícios ao estudo os lugares em que você precisa ficar esperando? Caso fique horas preso no aeroporto ou na sala de espera do médico ou do dentista, cogite a possibilidade de sentar-se longe da televisão: em vez de folhear revistas de celebridades, leve consigo um livro que valha a pena ler. Você nunca sabe quantas surpresas podem surgir deste hábito. Certa vez, fiz uma nova amizade desse jeito!

Ler

Falando outra vez sobre leitura, mas agora oferecendo algumas recomendações, enfatizamos que o ato de *ler* pode ser por si só um exercício da virtude da estudiosidade; do mesmo modo, insistimos no quanto carregar um livro consigo pode gerar resultados interessantes! Semana passada, em um aeroporto em Dallas, notei um garçom negro, magro e musculoso, que devia ter entre 30 e 40 anos, atendendo seus clientes com muita eficiência. Eu não estava entre esses clientes, mas ele veio me dizer o quanto estava satisfeito por ver que eu tinha uma biografia bastante robusta em minha mesa[10]. Disse-me que observa milhares de pessoas por ano enquanto comem ou esperam seus voos e que vê cada vez menos gente com livros, ao passo que o número de viajantes imersos no mundo hipnotizante dos celulares ou nas onipresentes telas de televisão dos aeroportos só aumenta. Ele observou como é maravilhoso poder entrar e ficar no mundo que os bons livros nos proporcionam, e disse que faz questão de conversar com todos os leitores que encontra no restaurante. Agradeci a esse *gentleman* tão atencioso e estudioso por seus comentários e assegurei-lhe que não poderia concordar mais. Aquele homem conhecia o valor da estudiosidade. Se você quiser estudar mais sobre essa virtude, assim como sobre o seu oposto, a curiosidade, indico a *Suma teológica*, II-II, questões 166 e 167.

Recordar

Você se lembra do título do nosso capítulo e de seus principais temas? E, por curiosidade (se você me dá licença), gostaria de saber se você ainda se recorda dos temas principais dos capítulos anteriores. Conseguiu? Muito bem. Caso não tenha se lembrado, não se aflija. São Tomás também nos deu maravilhosas recomendações acerca dos grandiosos poderes da memória. Observaremos esses poderes no capítulo 7 e os utilizaremos durante todo o livro a partir de então.

---

10 Para os mais curiosos, a biografia era *Lafayette*, de Harlow Giles Unger. Ah, e o livro do meu amigo médico é *The Kevorkian Oath*, de Richard E. Brown.

CAPÍTULO 4

Os benefícios e os perigos da amizade

Mostra-te amável com todos, ou, ao menos, busque fazê-lo; não sejas demasiado íntimo de ninguém, pois o excesso de familiaridade gera o menosprezo e ocasião de subtrair tempo ao estudo.

Sobre a amizade que é chamada afabilidade[1]

Tomás explica em seus outros escritos que a amabilidade, a afabilidade ou, simplesmente, a amizade é uma parte da virtude da justiça, algo que devemos a cada pessoa que encontramos[2]. Essa caridade fraterna também ajuda a promover um tipo de paz e boa vontade mais propício ao estudo. O irmão João provavelmente não se daria tão bem nos estudos se ficasse alimentando a animosidade e a murmuração entre seus pares, e nós também não nos sairemos bem nos estudos se vivermos brigando com aqueles com quem convivemos e estudamos, sejam nossos colegas ou familiares. Ainda assim, reconhecendo que as virtudes morais sempre envolvem uma *medida áurea,* ou seja, um equilíbrio entre o *muito* e o *pouco* de algo positivo, Tomás nos adverte quanto ao excesso de amizade que pode complicar nossos estudos,

---

1   Este é o título que Tomás deu para a questão 114 em sua *Suma teológica*, II-II.
2   *Ibidem*, com base em Eclesiástico 4, 7: "Torna-te afável na assembleia".

atraindo nossa atenção para questões triviais de relacionamento capazes de gerar animosidade. Ele alerta contra dois vícios contrários à amizade: o do excesso, chamado *adulação,* e o da deficiência, chamado *litígio.*

Quanto à adulação, Tomás cita uma intrigante glosa medieval[3] sobre Ezequiel 13, 18, tal qual figura na Vulgata. Assim a lemos na *Suma teológica*: "Ai daqueles que cosem almofadinhas para as meterem debaixo de todos os cotovelos". Tomás observa, sobre a glosa, que trata ela da *"suave adulação.* Logo, adulação é pecado"[4]; então explica que, quando exercitamos a virtude da amizade, procuramos levar prazer àqueles com quem trabalhamos e vivemos, mas não devemos hesitar em desagradar os outros quando nossa afabilidade os encorajaria em alguma má intenção ou em tolerar algum ato maligno. Portanto, uma das tradicionais sete obras de misericórdia espiritual — descritas por Tomás como "a caridade agindo por meio da misericórdia"[5] — consiste em "corrigir o pecador"[6]. Às vezes testemunhamos nossa amizade quando procuramos repreender uma declaração ou ato de um companheiro para o seu próprio bem. O adulador elogia seus companheiros a despeito do que dizem ou fazem, "costurando almofadinhas para cotovelos" a fim de confortar e agradar; assim, causa prejuízo a si mesmo e ao amigo.

Ao descrever o vício da deficiência da amizade, chamado *litígio,* Tomás observa que, enquanto pessoas amigáveis ge-

---

3   A *Glossa ordinaria,* amplamente utilizada na Idade Média, era uma versão da Vulgata Latina que continha, às margens do texto, breves glosas (comentários ou explicações) compiladas a partir dos escritos de vários Padres da Igreja. Tomás recorreu a esse glossário regularmente, e mais tarde compilaria sua própria *Catena aurea* a respeito dos quatro Evangelhos, apresentando, linha por linha, os comentários de mais de oitenta Padres da Igreja Oriental e Ocidental, muitas vezes com três ou mais comentários de quatro Padres sobre cada conjunto de versículos.
4   *Suma teológica,* II-II, q. 115, art. 1
5   *Ibidem,* II-II, q. 32, art. 1.
6   *Ibidem,* II-II, q. 32, art. 2.

Os benefícios e os perigos da amizade

ralmente se esforçam e esperam *agradar* os outros, as pessoas litigiosas obtêm prazer em *desagradá-los*. O litigioso acha agradável discordar e se alegra em contradizer os que o rodeiam. Tomás cita Aristóteles, que em sua *Ética a Nicômaco*, livro 4, capítulo 6, escreveu que "aquelas que fazem objeções a tudo e não têm a mínima preocupação com o desagrado que causam são chamadas pessoas intratáveis e altercadoras"[7]. Essas pessoas são "do contra" — não importa o que você defenda; elas sempre se posicionarão "contra".

Podemos perceber a simplicidade deste conselho dado ao irmão João. Quando se trata de aumentar nossa capacidade de estudar, a adulação não nos levará a lugar algum, enquanto o litígio desperta ressentimentos e paixões inadequados à paz e à tranquilidade que propiciam o estudo. Qualquer tipo de familiaridade pode gerar desdém e atrapalhar os estudos.

Embora Tomás fosse estudioso e naturalmente propenso à contemplação, ele trabalhou essa tendência natural com treino e autodisciplina e a aperfeiçoou por meio de sua abertura à graça de Deus. Em seu melhor e mais pleno reino de solidão, estudo e oração, Tomás talvez tenha percebido que sua mais alta vocação consistia em partilhar as verdades que ia descobrindo com pessoas próximas, incluindo os irmãos com quem vivia, os estudantes a quem ensinava e, em sentido mais amplo, a todos nós que o lemos hoje e aqueles que o lerão, se Deus quiser, até o fim dos tempos.

O *cerebral* e *autossuficiente* Tomás realmente praticou a afabilidade que pregava. Conta-se uma comovente e divertida história segundo a qual um jovem frade chegou pela primeira vez ao convento dominicano de Paris e quis contemplar suas maravilhosas dependências. O prior o aconselhou a pedir a um dos religiosos que o levasse para fazer

---

7 *Ibidem*, II-II, q. 166, art. 1.

um *tour* pela cidade. A primeira pessoa que o jovem frade encontrou foi um homem robusto e de aparência serena, e a esse homem ele disse que o prior recomendara que lhe mostrasse o lugar. O frade robusto obedeceu, e durante as horas seguintes mostrou-lhe o convento sem uma palavra de reclamação, mesmo quando seu jovem companheiro o repreendia por caminhar tão lentamente. Podemos imaginar a reação daquele jovem frade quando os outros religiosos, mais tarde, contaram-lhe que o humilde guia turístico que ele ficara apressando durante o passeio era o maior professor e teólogo do mundo: Tomás de Aquino.

Ora et labora... et lude!

Ora et labora, "reza e trabalha", é o clássico mote beneditino que o nosso grande estudioso dominicano conheceu e praticou tão bem. Ele, contudo, também conhecia a sabedoria do "muito trabalho e pouca diversão faz de Joãozinho um bobão". Tomás abordou o valor e as virtudes da brincadeira e da ludicidade na *Suma teológica*.

Vejamos, por exemplo, o que Tomás tem a dizer sobre o valor dos jogos lúdicos, mesmo para o estudioso que busca conhecimento e santidade:

> Ora, do mesmo modo como a fadiga corpórea desaparece pelo repouso do corpo, assim também o cansaço da alma o faz pelo descanso dela. Mas o descanso da alma é o prazer. [...] Ora, as palavras ou obras com as quais só buscamos a diversão da alma chamam-se lúdicas ou jocosas. Donde é necessário usar delas, às vezes, como de repouso para a alma[8].

E como brinca e se diverte um santo amado por Cristo? Bem, entre as reticências do parágrafo anterior, Tomás relata

---

8   *Ibidem*, II-II, q. 168, art. 2.

Os benefícios e os perigos da amizade

uma deliciosa história extraída do livro *Conferência dos Padres,* de São João Cassiano, sobre o "discípulo amado" de Cristo: São João Evangelista. Um grupo de observadores ficara escandalizado quando viu São João brincando com alguns de seus discípulos. (Que cena intrigante! Você não desejaria ter estado lá para ver?) João notou que um homem daquela tropa facilmente escandalizável estava carregando um arco e uma flecha. Pediu então a ele que atirasse uma flecha no ar e que atirasse outras depois daquela. Em seguida, perguntou ao homem se ele poderia continuar atirando, indefinidamente. O homem respondeu que não, pois, se continuasse a fazê-lo, o arco acabaria se partindo. Tomás conclui a pequena história da seguinte forma: "De onde o bem-aventurado João concluiu que a mente humana, de maneira semelhante, se partiria caso a sua tensão nunca se afrouxasse!"[9].

Tomás, como São João Cassiano antes dele e São João Evangelista antes dos dois, via claramente o valor de uma boa diversão — quando pura e moderada, é claro. De fato, no artigo que se segue na *Suma,* Tomás adverte sobre o perigo e a pecaminosidade da diversão excessiva e das brincadeiras rudes, escandalosas ou obscenas. No último artigo sobre esse tópico, no entanto, ele nos encoraja a que nos alegremos com nossos companheiros: "Nos assuntos humanos, tudo o que vai contra a razão é vicioso. Ora, é contra a razão tornarmo-nos causa de penas para os outros, não lhes causando nenhum prazer e impedindo o prazer deles"[10]. De fato, como defensor da "alegria moderada",[11] Tomás aconselharia os amantes do conhecimento a não serem palhaços que não se portam com um mínimo de seriedade, mas também não

9   *Ibidem.* A exclamação é do autor!
10 *Ibidem,* II-II, q. 168, art. 4.
11 *Ibidem.*

os aconselharia a serem estraga-prazeres! Trabalhar, rezar...
e, às vezes, brincar!

Da amigabilidade à amizade

Arrisco dizer que a maioria de vocês que têm este livro nas mãos não é como o irmão João. Vocês não são frades, monges, cônegos, irmãs ou freiras que vivem juntos num claustro (embora espere e reze para que alguns sejam!). Minha questão é que, independentemente de nosso estado ou situação de vida, devemos ser amigáveis com *todas* as pessoas com as quais vivemos e estudamos.

Também seremos especialmente agraciados se tivermos a oportunidade de fazer *amizades particulares*, criando laços íntimos com certos amigos a quem possamos tratar como "um segundo eu", considerando a sua felicidade tão importante quanto a nossa. Tomás conhecia muito bem a reflexão de Aristóteles sobre o tipo de amizade baseada na provisão de *prazeres* mútuos; sobre aquele segundo tipo baseado na *utilidade* prática que os amigos podem oferecer uns aos outros; e sobre a terceira, a mais elevada e verdadeira, que se baseia na *virtude* de cada um, e na qual os amigos aperfeiçoam as virtudes uns dos outros. Muito além dos *insights* do "Filósofo"[12], Tomás sabia que Cristo viera à terra para que não mais nos chamasse de "servos", mas "amigos"[13]. Com efeito, o magnífico tratado de Tomás sobre a virtude suprema da caridade baseia-se no princípio de que "a caridade é a amizade entre o homem e Deus"[14].

---

12   Título honorífico que Tomás dava a Aristóteles.
13   *Suma teológica*, II-II, q. 23, art. 1, citando João 15, 15.
14   *Ibidem*, II-II, q. 23, art. 1.

Como o nosso foco aqui são o estudo e a reflexão, uma visão geral de todos os *insights* de Tomás sobre a caridade e a amizade nos levaria longe demais e nos desviaria do caminho, mas eu gostaria de concluir com apenas mais uma observação sobre a amizade e as obras virtuosas (entre elas, o estudo):

> [Aristóteles] conclui, quanto aos bons, que a amizade entre os homens virtuosos é boa e sempre faz crescer em virtude, pela boa conversação. Os amigos fazem uns aos outros melhores ao trabalharem juntos e amarem-se mutuamente. Pois um recebe do outro exemplo de uma boa ação na qual se compraz. Daí o provérbio que diz que o homem adota ações nobres de homens nobres[15].

Entre os maiores e mais notáveis exemplos de amizade virtuosa — aquela que conduz os amigos aos píncaros da virtude e aos mais nobres atos do estudo — está a santa amizade entre mentor e aluno, entre o "Doutor Universal" da Igreja e seu "Doutor Angélico", entre o santo patrono dos cientistas e o santo patrono dos estudantes. Estou me referindo, é claro, à amizade terrena entre Santo Alberto Magno e São Tomás de Aquino. (Será que conseguimos ao menos *começar* a imaginar o quão sublime deve ser uma conversa calorosa entre os dois no céu?)

Em suma, devemos ser amigáveis com todos, mas não excessivamente familiares, e devemos estar atentos a alguns amigos virtuosos com os quais, por meio de conversações frutuosas e atos nobres, possamos remar em sintonia e com mais impulso rumo aos mares mais profundos do conhecimento e da verdade.

---

15 *Comentário à Ética a Nicômaco*, 87.

Prescrições do doutor

Receita para encontrar o equilíbrio perfeito entre a amizade e a estudiosidade.

Refletir

Você já chegou a ser demasiadamente amigável antes ou durante o período em que precisava trabalhar e estudar? Se é estudante, já recusou algum convite para um grupo de estudos que poderia ser útil para você ou para seus colegas? Caso tenha se unido a um grupo assim, ajudou a controlar a fofoca e a conversa fiada a fim de estimular uns aos outros a estudarem mais? Você cultiva amizades virtuosas e conversa com seus amigos sobre coisas nobres, como as formas de se tornarem mais sábios e santos?

Ler

São Tomás aborda, na questão 114 da sua *Suma teológica, II-II*, a virtude da amizade que devemos a todas as pessoas. Ele trata do valor do humor e da brincadeira na questão 168. Sua magistral exposição da caridade como amizade com Deus começa com a questão 23, artigo 1.

Recordar

Você se lembra da essência ou das principais lições de nossos quatro primeiros preceitos? Para uma breve atualização de alguns temas: nós analisamos o valor de ser rápido para ouvir e lento para falar; da pureza de consciência e do poder da oração; de desfrutar de seu lugar de estudo; e, agora, de conservar a amizade, a diversão e a amabilidade num feliz equilíbrio.

CAPÍTULO 5

Liberte o intelecto evitando as distrações do mundo

Não tomes parte de maneira alguma nas palavras e obras dos homens do mundo. Foge sobretudo das conversas inúteis.

Os perigos de um mundo cada vez mais profano

Tomás adverte particularmente quanto a se envolver com palavras, ações e conversas de pessoas mundanas cujos pensamentos não estão centrados nas coisas mais elevadas. Segundo percebemos nas reflexões sobre as classes aristotélicas da amizade — aquelas baseadas nos *prazeres* mútuos, na *utilidade* e na *virtude* —, Tomás sabia muito bem que Aristóteles havia declarado que *amizades virtuosas são raras porque a virtude é rara.*

Infelizmente, o mundanismo é tudo, menos raro; e muitas amizades nunca ultrapassam a preocupação com os prazeres ou com outros benefícios que um amigo pode obter por meio de outro.

Entre pessoas mundanas não nascem amizades virtuosas (a não ser que estejam decididas a lutar por coisas mais elevadas). Isso só acontece entre aqueles que fixaram os olhos em Deus. Tanto o senso comum quanto a psicologia moderna mostram o quão suscetíveis somos às influências do ambiente que nos cerca. Aqueles que se esforçam por pensar como Tomás de Aquino fariam bem em usar o livre-arbítrio para estar nos ambientes certos, como no interior de nossas celas de estudo e no círculo de amigos estudiosos e virtuosos que reunimos ao nosso redor.

Nesses ambientes, longe de jogar conversa fora, concentraremos as conversas nas coisas verdadeiras, boas e belas de Deus.

Infelizmente, não prender-se nessas redes de atos e palavras mundanas pode ser mais difícil em nosso tempo do que nos dias de Tomás e do irmão João. De uma coisa podemos ter certeza: há muitos meios recentes e hipnotizantes para tirar nossas cabeças das coisas elevadas e enredá-las em preocupações baixas. Falo — como não? — das tecnologias modernas de comunicação e entretenimento.

Talvez você já tenha se distraído — ou mesmo se deixado levar — por esses mundos virtuais em sua mesa de trabalho, na palma da mão, ou mesmo conectado ao seu ouvido. Nossas maravilhas eletrônicas podem trazer benefícios incríveis para a aquisição e partilha do conhecimento. Mesmo tendo escrito todos os meus trabalhos universitários e de pós-graduação em uma máquina de escrever antiquada, bem como minha tese de mestrado em uma *maravilha moderna* (1990) com uma tela de processamento de texto de *uma linha* de texto visível, não sei como teria conseguido terminar meu curso de doutorado, minha tese e um bom número de livros sem a ajuda dos computadores modernos e seus editores de texto. Além disso, como tenho certeza de que vocês sabem, eles são inestimáveis não apenas para escrever, mas também para pesquisar e verificar fatos. Também sou muito grato por poder conversar, enviar mensagens de texto e aprender com pessoas de todo o mundo por meio da maravilhosa tecnologia do celular. Louvado seja Deus!

No entanto, essas ferramentas maravilhosas também são facas de dois gumes excepcionalmente afiadas. Se não forem manejadas com cuidado, podem prejudicar nossas tentativas de dominar o pensamento para levamos uma vida séria de estudos.

Mentes confusas, dispersas e sequestradas

Tomás escreveu sobre os perigos de envolver-se no mundanismo em meados do século XIII. Hoje, no início do século XXI, muitas vozes nos alertam sobre as novas ferramentas desse envolvimento; com efeito, essas ferramentas podem enredar, ou pelo menos remodelar, até mesmo as conexões entre as nossas células cerebrais. Eu seu livro *A geração superficial: o que a internet está fazendo com os nossos cérebros*, Nicholas Carr, escritor moderno especializado em tecnologia e cultura, argumenta que, ao fazermos repetidamente a varredura ampla, fugaz e superficial de informações que os formatos eletrônicos da internet oferecem, estamos na verdade produzindo mudanças em nossos tecidos e na organização cerebral que dificultam uma atenção prolongada e contínua. Claro: é difícil pensar com profundidade em coisas nas quais você não consegue se concentrar!

Na primeira linha do artigo "Como os *smartfones* sequestraram nossas mentes", Carr escreve: "Se você é um usuário comum, deve sacar seu celular e usá-lo cerca de oitenta vezes em um único dia, de acordo com dados coletados pela

Apple"[1]. Ele observa que isso equivale a quase 30 mil vezes ao longo de um ano. Faríamos bem em nos perguntar se somos "usuários comuns" e, se assim for, em como iremos conciliar essa situação com o conselho de Tomás de não nos "envolvermos" nas coisas do mundo se quisermos alcançar a verdade...

Essas pausas que fazemos para verificar os *smartphones* podem tornar-se cada vez mais viciantes e tomar cada vez mais tempo, pois operam segundo o princípio que os psicólogos comportamentais têm chamado de "reforço positivo intermitente". Vemo-nos mais sujeitos a executar comportamentos repetitivos quando eles são recompensados apenas em alguns momentos e quando não sabemos de antemão qual repetição nos dará a recompensa. Um dos exemplos mais simples e marcantes do reforço intermitente é visto nas taxas de pagamento embutidas nas máquinas de caça-níqueis. O jogador ganha apenas de vez em quando e nunca sabe se a *próxima puxada* de braço (ou apertada de botão) não será aquela que o fará levar a bolada para casa. É claro que essas máquinas de jogo não gerariam lucros se as pessoas, em média, ganhassem mais do que perdessem.

O nosso comportamento em relação ao celular ou ao e-mail segue exatamente o mesmo princípio. A maioria dessas oitenta verificações diárias não vai trazer nenhuma mensagem importante. Às vezes não haverá nada, ou talvez apenas um monte de lixo eletrônico. No entanto, cada vez que o verificamos, nossa atenção pode ser desviada de coisas mais elevadas, como ler, estudar, rezar ou simplesmente prestar atenção às pessoas ao nosso redor ou às belezas da natureza. As coisas boas que vêm dos relacionamentos e da beleza

---

1 Nicholas Carr, "How Smartphones Hijack Our Minds", *Wall Street Journal*, 6 de outubro de 2017.

natural também esperam por nós — a menos que deixemos pequenos dispositivos dominarem os nossos cérebros e levá--los a coisas mais mesquinhas.

Falando em celulares, Tomás também não nos aconselhou a "fugir das conversas inúteis"? O que ele tinha em mente naquela época era a conversa face a face; e, embora possamos lamentar sua relativa diminuição graças à tecnologia, mesmo essas conversas deveriam ser reduzidas caso seu conteúdo não fosse saudável e não conduzissem às coisas mais elevadas. Tomás adverte, no latim original, contra o *discursus:* vaguear sem rumo ou andar sem destino.

Os que pensam como Tomás de Aquino serão afáveis com os outros e, às vezes, até mesmo se envolverão em brincadeiras e conversa fiada. Na verdade, uma conversa pode ter um objetivo pontual e valioso, ainda que seja só para fazer girar a roda da cordialidade nas interações sociais. Aqueles que pensam como Tomás de Aquino não terão tempo, porém, para conversas inapropriadas, linguagem obscena, fofocas maldosas, calúnia, bajulação ou rixas, como vimos em nosso último capítulo. Procurarão, antes, tempo para estudo e para conversas com objetivos mais elevados, como a verdade, a beleza, a bondade...

Um dos acidentes mais famosos da vida de Tomás ilustra como ele se envolvia em interlocuções amigáveis, mas com a mente voltada para as coisas celestiais. Deu-se na estrada para Paris. À medida que Tomás e alguns colegas frades dominicanos aproximavam-se da grande cidade, um frade declarou quão maravilhoso seria possuir todas as grandes riquezas parisienses. São Tomás respondeu que preferia possuir uma cópia dos *Comentários ao Evangelho de São Mateus*, de São João Crisóstomo.

Prescrições do doutor

Receita para libertar o cérebro, a mente e a alma.

Refletir

Que bilhetinhos inesquecíveis Tomás desembrulhou para você neste capítulo? Você tem permitido que sua mente seja sequestrada e que sua alma se deixe enredar nas coisas do mundo? Quantas vezes por dia você verifica suas mensagens, e-mail ou contas nas redes sociais? Ainda que na maioria das vezes você se conecte com pessoas virtuosas, estaria toda esta atividade realmente conduzindo sua mente a coisas elevadas e fortalecendo laços interpessoais íntimos? Ou isto o tem afastado das pessoas e temas que mais importam? Além disso, você não estaria permitindo que o fluxo de outras mídias, como a programação e os anúncios da televisão, do rádio e da internet, não só afastem sua mente e sua alma com certa recorrência das coisas nobres, mas a direcionem para a busca dos prazeres mundanos e das coisas materiais? Estas são questões sobre as quais vale a pena pensar e, posteriormente, agir.

Ler

Para um olhar moderno sobre os efeitos do excesso de estímulos eletrônicos sobre a mente e, também, sobre o cérebro que a serve, recomendo enfaticamente um livro de Nicholas Carr: *A geração superficial: o que a internet está fazendo com os nossos cérebros?* Novamente, recomendo que você leia, se ainda não o tiver feito, os escritos de Tomás sobre a virtude da *studiositas* e o vício da *curiositas* (*Suma teológica*, II-II, questões 166 e 167) à luz das perspectivas oferecidas neste capítulo. Por fim, pensando bem, por que não mergu-

Liberte o intelecto evitando as distrações do mundo

lhar nas homilias de São João Crisóstomo tão apreciadas por São Tomás? Acabei de fazê-lo pela primeira vez. Decidido a descobrir o que ele tinha a dizer sobre o Sermão da Montanha, saltei para a Homilia 15. Comentando os primeiros versículos daquele sermão (Mateus 5, 1-2), São João Crisóstomo, ao descrever os métodos de ensino de Cristo, aborda os temas sobre o estudo que são centrais para este livro e, de modo particular, para este capítulo. Lá ele descreve a necessidade de se desvencilhar do mundo e separar-se das "inquietações da vida comum":

> [Jesus] senta-se num só lugar: não no meio de qualquer cidade ou fórum, mas numa montanha e num deserto, instruindo-nos a nada fazer por exibição e a manter-nos apartados dos tumultos da vida comum, especialmente quando buscamos a sabedoria e o discurso das coisas que devem ser praticadas.

Recordar

Você se lembra dos temas do nosso capítulo? O próprio preceito dizia: "Não tomes parte de maneira alguma nas palavras e obras dos homens do mundo. Foge sobretudo das conversas inúteis". Pensando nisso, o que você está fazendo para guardar a essência das lições dos capítulos de 1 a 4? Se está conseguindo, ótimo! Caso contrário, veremos se as lições que Tomás ensina no capítulo 7 para aperfeiçoar a memória tornam a tarefa um pouco mais fácil (e muito mais divertida).

CAPÍTULO 6

A imitação de Cristo (e daqueles que O imitam)

Não deixes de seguir o rastro dos santos
e dos homens de bem.

Tantos santos, e tão dignos de nossa imitação

Que grande bênção é termos, em nossa enorme família celeste, a gloriosa comunhão dos santos. Nem todo santo é um intelectual ou um estudioso, mas todo santo sabe como colocar as coisas que mais importam no centro de sua vida, sendo portanto capaz de compartilhar lições valiosas que cada um de nós deveria aprender. Com suas virtudes heroicas centradas em Cristo, eles podem inspirar e ensinar a todos. A impressionante autodisciplina que tantos manifestaram e as provações que sofreram devem colocar em perspectiva as pequenas inconveniências e autoprivações que nos impomos a fim de buscar o saber.

Tomás foi membro da Ordem dos Pregadores de São Domingos — a ordem que traz como lema *Veritas* (verdade) e que tem por sustento o próprio estudo, um de seus quatro pilares (sendo os outros a oração, a comunidade e pregação). O carisma dominicano, com seu pendor intelectual, faz parte da minha vida desde que fui aluno das maravilhosas irmãs dominicanas na escola primária. Não obstante, agradeço a Deus pelos maravilhosos carismas e dons de *todas* as ordens religiosas, com as legiões de santos que produziram. Quem já não se sentiu inspirado pelas vidas gloriosas e pelos gestos amorosos de São Bento e seus beneditinos, São Francisco e seus franciscanos, Santo Inácio e seus jesuítas...?

É claro que os grandes santos não são apenas membros de ordens religiosas. Há santos de relevo em todas as épocas desde que Cristo estabeleceu a Igreja, de praticamente todas as nações, de ambos os sexos e de todas as ocupações e estados de vida. Além disso, há santos que sofreram e superaram toda sorte de dificuldade, angústia, doença ou transtorno. É possível buscar um padroeiro para quase tudo! Segundo Tomás, porém, é mais importante que os encontremos e descubramos que lições e inspirações trazem para nós. Podemos aprender muito com aqueles santos com os quais mais nos identificamos e que tantas vezes parecem tão diferentes de nós.

Se me permitem dar um exemplo pessoal, estou quase sempre metido em estudos dos escritos de Santo Alberto Magno e Tomás de Aquino (é claro), duas das mais profundas mentes da história. Há alguns anos, pediram-me que ministrasse uma palestra sobre São Martinho de Porres (1579-1639) a um grupo dominicano. Eu sabia que esse santo morara no Peru e sabia, enquanto Alberto e Tomás são frequentemente retratados com um globo, uma igreja ou um livro enorme nas mãos, São Martinho é costume ser retratado com uma *vassoura*. Não sabia muito bem o que esperar quando mergulhei na vida desse santo, mas o que descobri superou os meus devaneios mais delirantes. O grande santo mestiço foi um mestre na arte de reunir os ricos, os pobres e a classe média: escravos africanos, governantes espanhóis e povos indígenas do Peru. Seu amor pelos animais fazia sorrir o coração de qualquer santo franciscano ou irlandês (que amavam os animais) e, embora ficasse satisfeito em varrer o chão, também era tão hábil com o bisturi que os arcebispos mandavam chamá-lo sempre que precisavam de uma cirurgia. Talvez a maior surpresa sobre Martinho foi que esse homem humilde e amoroso também apreciava São Tomás e era bem versado nas lições da *Suma teológica*, apresentando às vezes citações ou explicações aos seminaristas enquanto os supervisionava, tentando dirimir a confusão deles enquanto ele mesmo lavava ou varria o chão!

Outra santa cara ao meu coração, e de alguma maneira parecida com Martinho, é a humilde e amável florzinha Santa Teresa de Lisieux (1873-1897). Quão impressionante é saber que esta freira, que morreu tão jovem, acabou por ser contada junto de Alberto e Tomás entre as poucas dezenas de Doutores e grandes mestres da Igreja. O mesmo acontece com Santa Catarina de Sena (1347-1380) — embora esta não tenha recebido educação formal e nem mesmo tenha aprendido a ler antes dos vinte anos! (Ela relata que sua capacidade de ler lhe foi concedida como dom místico por Deus, quando Cristo lhe apareceu acompanhado de São João Batista... e do próprio São Tomás de Aquino!)

Nosso espaço aqui é limitado, e por isso espero que vocês me perdoem por desapontá-los se, por acaso, não citar alguns de seus santos favoritos. De todo modo, como não iríamos seguir o conselho de mergulhar na vida de nossos amados santos? Portanto, realmente espero que você tenha ao menos alguns santos preferidos e que continue aberto à busca de santos novos e desconhecidos que possam inspirá-lo e conduzi-lo — quiçá em direção a uma vida de estudo, mas sem dúvida para uma vida de santidade.

Os santos foram de fato um grande auxílio para São Tomás, e às vezes de maneira bastante surpreendente. Frei Reginaldo, amigo e secretário do boi mudo, relatou que certa vez o próprio Tomás passou dias intrigado a respeito da interpretação de um texto do profeta Isaías, sobre o qual andava escrevendo um comentário. Certa noite, enquanto estava em seu quarto rezando, Reginaldo ouviu Tomás falando em voz alta. Parecia haver outras pessoas no quarto, embora ele não conseguisse distinguir quem eram ou o que diziam. Depois que as vozes pararam, Tomás bradou:

— Reginaldo, meu filho, levante-se, me traga a lâmpada e o comentário sobre Isaías; preciso que você escreva para mim!

Reginaldo levantou-se e começou a escutar o ditado, que fluía tão claramente que era como se seu mestre estivesse lendo um livro em voz alta diante de seus olhos[1].

Reginaldo o questionou repetidamente sobre as vozes que escutara, ao que Tomás enfim respondeu-lhe: disse que São Pedro e São Paulo lhe haviam sido enviados "e me disseram tudo o que eu desejava saber"[2].

A principal razão pela qual deveríamos imitar os santos é porque eles se santificaram imitando a Cristo. É a Cristo, primeiro e acima de tudo, que eles nos ajudam a imitar, mostrando como uma vida centrada em Cristo é possível em qualquer lugar do mundo ou em qualquer momento da história. Foi São Pedro que respondeu quando Cristo lhe perguntou se ele O abandonaria: "Senhor, a quem iremos nós? Só tu tens palavras de vida eterna" (Jo 6, 68). Foi São Paulo que declarou: "Fui crucificado com Cristo; já não sou eu que vivo, é Cristo que vive em mim" (Gl 2, 20). É Cristo a quem

---

1 Antoine Dondaine, *Les Secretaires De Saint Thomas*, 2 vols. Roma: Editori di S. Tommaso, 1956.
2 *Ibidem.*

São Tomás chamou maior de todos os mestres, Aquele que ensinou por meio das suas palavras e dos seus atos. Todos nós somos chamados a imitá-Lo acima de tudo.

Não negligencie o "meramente" nobre: transformando água em vinho

Em sua obra-prima, a *Suma teológica*, Tomás refletiu respeitosamente sobre pronunciamentos de muitos grandes santos do Ocidente e do Oriente, de Agostinho a Jerônimo, do Papa Gregório Magno a João Crisóstomo, Atanásio, Gregório Nazianzeno e tantos outros. Além disso, procurou verdades e pérolas de sabedoria também nos escritos daqueles que, como bem sabia, não detinham a plenitude da verdade da Igreja Católica. Isso inclui pensadores como o grego e pagão Aristóteles; os pagãos romanos Cícero e Sêneca; o judeu Maimônides; e os árabes muçulmanos Averróis e Avicena. Tomás estimava as verdades onde quer que fossem encontradas. A revelação não teme as verdades da razão, pois há apenas uma verdade. Mais perto do nosso tempo, São João Paulo II proclamou a essência da máxima de Tomás de forma mais elegante:

> É verdade que, observando bem, mesmo na reflexão filosófica daqueles que contribuíram para ampliar a distância entre fé e razão, manifestam-se às vezes gérmens preciosos de pensamento que, se aprofundados e desenvolvidos com mente e coração reto, podem fazer descobrir o caminho da verdade[3].

Alguns teólogos da época de São Tomás foram altamente críticos ao uso que ele fazia da filosofia em geral e de Aristóteles em particular, colocando-os a serviço da teologia[4]. Argu-

---

3 São João Paulo II, *Fé e razão*, n. 48.
4 Talvez, até certo ponto, os próprios "fideístas" de sua época. Trataremos do assunto no capítulo 12.

mentavam que ele estava a diluir o vinho da divina sabedoria na água da ciência humana. Tomás, porém, sabia que havia apenas uma verdade, que a verdade da fé nunca poderia ser contrariada pela razão, que esta mesma razão poderia atrair algumas pessoas à fé e ajudar a esclarecer os princípios teológicos. Ele não acreditava que a sublime filosofia produzida por homens nobres esvaziaria a fé, mas que "aqueles que aplicam doutrinas filosóficas às Sagradas Escrituras de modo a submetê-las ao serviço da fé não misturam água com vinho, mas transformam a água em vinho"[5].

Que nós, como Tomás, tenhamos sede das águas límpidas e radiantes da razão, e ainda mais do vinho da sagrada sabedoria e do vinho dos vinhos, que se torna o próprio Cristo na Eucaristia.

Prescrições do doutor

Receita para deixar que os santos façam a festa em sua alma.

Refletir

Você tem uma ordem religiosa favorita, cujo carisma chama a sua atenção? Você tem algum santo favorito? O que tem feito nos últimos tempos para imitá-lo, especialmente no que diz respeito à busca da verdade? Se não tem um santo preferido, não consideraria buscar um entre alguns novos santos, a fim de aprender com ele e rezar pedindo sua intercessão? Nosso mundo precisa desesperadamente de heróis santos.

---

5   Cf. seção 2.3, ad. 5, em São Tomás de Aquino, *Comentário ao tratado sobre a Trindade de Boécio.*

Ler

Você tem dedicado algum tempo para ler a vida de um santo que não lhe é familiar, ou um novo livro sobre um santo favorito? Há inúmeras biografias à disposição. Se tem uma queda por romances, as obras de Louis de Wohl são tão esclarecedoras e inspiradoras quanto divertidas. Você tem lido os escritos dos próprios santos? Tem lido os Evangelhos ou algum bom livro sobre Jesus Cristo? Se quiser imitar Cristo, um dos maiores clássicos espirituais do mundo é a *Imitação de Cristo*, de Tomás de Kempis. Foi editado inúmeras vezes ao longo dos séculos.

Recordar

Como você está memorizando as principais ideias de todos os preceitos que abordamos até aqui? Está conseguindo? Ótimo! Nem tanto? Não se preocupe! Em nosso próximo capítulo, o Doutor Angélico nos dará um conselho para aperfeiçoar a memória e nos mostrará como segui-lo!

CAPÍTULO 7

Amar a verdade independentemente de sua fonte (e sobre a perfeição da memória)

*Não olhes quem diz, mas aquilo que
disser de bom confia à vossa memória.*

Quem disse o quê?

A máxima seguinte de Tomás é um maravilhoso complemento e conclusão ao nosso último capítulo. Embora nos esforcemos para honrar e imitar pessoas nobres e santas, também devemos tomar consciência da potencial falibilidade de cada ser humano[1]. Do mesmo modo, não precisamos desconsiderar nem ignorar automaticamente os ditos e escritos de pessoas menos santas ou nobres. Essas duas ideias capturam a essência do modo como Tomás aborda a verdade na *Suma teológica*. Quando extrai algo do conjunto

---

1 Exceções são o Papa e o Magistério, sob certas circunstâncias. O Papa é dotado pelo Espírito Santo de infalibilidade quando se pronuncia *ex cathedra* (da cátedra) de Pedro como papa, "quando, na qualidade de pastor e doutor supremo de todos os fiéis, e encarregado de confirmar na fé os seus irmãos, proclama, por um ato definitivo, um ponto de doutrina respeitante à fé ou aos costumes [...]. A infalibilidade prometida à Igreja reside também no corpo dos bispos, quando exerce o seu Magistério supremo em união com o sucessor de Pedro", sobretudo num concílio ecumênico (*Catecismo da Igreja Católica*, n. 891). Como o próprio Tomás escreveu a respeito do papa, ele tem "autoridade que pode decidir definitivamente as questões de fé, para que sejam guardadas por todos com fé inabalável. Ora, isso pertence à autoridade do Soberano Pontífice, a quem se referem as questões mais difíceis que surgem na Igreja" (*Suma teológica*, II-II, q. 1, art. 10). Além disso, "a Igreja universal não pode errar, pois é guiada pelo Espírito Santo, que é o Espírito da Verdade" (*Ibidem*, II-II, q. 1, art. 90).

dos grandes Padres ocidentais e orientais que o precederam, Tomás considera seus pronunciamentos com o máximo respeito, mas também examina se as verdades por eles oferecidas são adequadas aos assuntos em questão. Ele não aceita a todos cegamente, mas, com olhar de raio laser, examina seus pensamentos com foco e profundidade.

A questão essencial aqui é a verdade, e não simplesmente a autoridade, a santidade ou a nobreza da pessoa que enuncia. Isso nos deixa livres para questionar respeitosamente as conclusões de autoridades falíveis e para abraçar a verdade onde quer que seja encontrada. Devo, no entanto, informar algo sobre o próprio Tomás. Embora tenha de fato valorizado a verdade acima de tudo, em razão, talvez, do seu profundo senso de gratidão e da assombrosa vastidão de sua memória ele costumava mencionar tanto as verdades quanto os nomes das pessoas com as quais ele as aprendera.

Isso nos leva ao segundo trecho da máxima de Tomás. Quando nos aferramos a uma verdade importante, independentemente de sua fonte, devemos confiá-la à nossa memória. Felizmente, Tomás nos mostrou o caminho para isso. Voltemos a ele!

Como confiar as verdades à memória

À parte suas credenciais como filósofo e teólogo, São Tomás talvez seja menos conhecido como um dos maiores mestres da memória. Ele compreendeu como a memória humana funciona e escreveu sobre o modo de aperfeiçoá-la pelo uso das mais altas potências do pensamento.

Em um trecho de abertura do fascinante *The Book of Memory*, a professora inglesa Mary Carruthers compara como homens que os conheceram bem descreveram Albert Einstein e São Tomás de Aquino. Embora houvesse semelhanças interessantes, destaca-se uma diferença relevante: enquanto Einstein, no século XX, foi muito elogiado por sua criatividade, a qual possibilitou suas grandes realizações na física, São Tomás, no século XIII, foi muito enaltecido por sua memória. Dizia-se que ele jamais esquecia o que lia e aprendia.

Uma das razões a explicar por que o papel de Tomás como mestre da memória não é amplamente conhecido está em que ele escreveu sobre isso em apenas uma das mais de três mil páginas de sua *Suma teológica,* e já quase no meio da obra: na segunda parte da segunda parte, questão 49, artigo 1. Lá, Tomás responde "se a memória é parte da prudência". Para ir direto ao ponto, a resposta é um retumbante sim.

A prudência é uma virtude intelectual aplicada que governa nossas ações morais. Tomás a chama "reta razão aplicada à ação", e seu trabalho consiste em encontrar meios virtuosos para atingir fins igualmente virtuosos e agir. Pensar como Tomás de Aquino é pensar com prudência sobre as coisas que importam, e para tanto precisamos não apenas usar, mas também nos esforçar para aperfeiçoar nossas potências mnemônicas.

O grande mentor de Tomás, Santo Alberto Magno, também viu a memória como parte essencial da prudência — na verdade, tinha-a por sua face mais essencial, pois, para alcançar futuros objetivos morais, devemos agir no presente guiados pelo que aprendemos no passado. Ele escreveu: "De onde dizemos que, entre todas as coisas que apontam para a sabedoria ética, a mais necessária é uma memória treinada, uma vez que, a partir dos acontecimentos passados, somos guiados no presente e para o futuro, e não o contrário"[2].

---

2   Retirado de *De Bono, On the Good,* em Carruthers, *The Book of Memory,* p. 275.

Note que Santo Alberto aponta para a necessidade não simplesmente da memória, mas de uma memória "treinada". E seu grande aluno ensinou-nos suscintamente como treinar a memória em quatro passos, que resumi assim[3]:

1. Primeiro, quando desejamos relembrar algo, devemos pegar alguma referência adequada mas inusitada, pois o inusitado nos impacta mais e causa, portanto, uma impressão maior e mais expressiva.

2. Em segundo lugar, devemos ordenar cuidadosamente tudo o que desejamos conservar na memória, para que possamos passar de uma memória para outra com facilidade.

3. Depois, devemos pensar *constantemente* e *com seriedade* nas coisas que desejamos lembrar, pois, quanto mais um assunto é impresso na mente, menos ele corre o risco de escapar.

4. Quarto: devemos *sempre* refletir sobre as coisas que desejamos lembrar. Quando refletimos com frequência sobre algo, rapidamente o trazemos à mente, passando de uma coisa a outra segundo uma espécie de ordem natural.

Portanto, como uma semente que logo crescerá e formará a árvore da memória artificial, Tomás recomenda que formemos imagens mentais, que as coloquemos em determinada ordem, nos concentremos atentamente nelas e as treinemos ou repitamos com frequência. Após setecentos anos e pelo menos o mesmo período de desenvolvimentos científicos, qualquer especialista moderno e honesto em treinamento de memória terá de admitir que São Tomás de Aquino estava certo.

---

3 *Suma teológica*, II-II, q. 49, art. 1.

Amar a verdade independentemente de sua fonte

Se quisermos pensar como Tomás de Aquino, precisaremos memorizar as coisas como ele o fazia. Vamos, portanto, detalhar seus quatro pontos com um exercício de memória, usando para isso seus preceitos de estudo. Antes de começar, e invocando o primeiro e o terceiro pontos, convido você a ativar seus poderes de imaginação e concentração. Irei guiá-lo pelo segundo e quarto pontos também, pois passaremos pelos assuntos na ordem e os repetiremos uma ou duas vezes.

Bem-vindo à casa da memória!

Imagine que você tenha sido convidado pela primeira vez para ir à casa de um discípulo moderno de São Tomás[4]. Trata-se de uma grande casa de fazenda no meio-oeste americano, em um bairro antigo, cercada de bordos e carvalhos centenários. Chegando à *porta da frente*, você se depara com algo bastante incomum: é recebido por um ex-presidente americano — Theodore Roosevelt. Consegue imaginá-lo com aquele bigode enorme e os óculos pendurados em uma correntinha? Estranhamente, porém, ele não começa a falar de pronto; e, quando o faz, é em câmera lenta. Você tem certeza de que é ele, pois empunha um grande porrete, o qual depois você repara estar decorado com um coração vermelho na extremidade mais grossa e, ao lado, a imagem de um cérebro humano.

Depois que nosso bondoso ex-presidente o deixa entrar, você pisa num *tapete*. No tapete há a imagem de duas grandes mãos em oração. Não há nada particularmente estranho nisso, exceto que das mãos saem faíscas elétricas que fazem seus dedos formigarem nos sapatos.

---

4   Certo, eu admito: essa é a minha própria casa, com algumas poucas alterações.

Então surge um *painel transparente de vidro* ao lado da porta de entrada, e você vê algo que dificilmente passaria despercebido no trajeto até agora percorrido. No jardim da frente há a cela de um religioso medieval, na qual um homem corpulento estuda concentrado, curvado sobre um grande livro. (Poderia ser o próprio São Tomás?) Você suspeita também de que ele deve gostar de vinho, já que a sala está repleta de velhas garrafas de vinho de boa safra, além de muitos livros.

Voltando para dentro da casa, você se surpreende ao encontrar uma *pintura na parede* do outro lado da porta de entrada. Há nela duas cenas relacionadas, mas muito diferentes entre si. Na primeira cena, do lado esquerdo da pintura, dois amigos olham-se sorrindo enquanto um assinala para o outro o trecho de um grande livro. Na segunda cena, à direita, os amigos estão com o rosto avermelhado em meio a uma discussão acalorada, e o livro está caído no chão.

Na *parede adjacente* à área da entrada há um *suporte para armas* — um lugar estranho para instalar um negócio desses. Ainda mais estranho é o globo antigo que repousa no topo do suporte. Você não resiste e toca o globo; porém, quando o faz, seus dedos penetram nele, e você precisa fazer força para puxá-los de volta.

No *meio do saguão de entrada* vê-se algo muito mais agradável. Na verdade, talvez seja a visão mais agradável que qualquer um de nós possa desejar. Você se pergunta se poderia ser um vislumbre da visão beatífica, pois ali está o próprio Jesus Cristo, sorrindo para você, cercado por um grupo de seus santos favoritos.

Acima de você há um *candelabro*, e sobre ele vislumbra-se a escultura de uma antiga deusa grega. Além disso, ela está cercada de nove filhas muito bonitas. Você deduz que deve se tratar de Mnemosine (é o nome que vem esculpido na base da estátua), e ela é, de fato, a deusa da memória. Essas filhas são as "musas", as deusas das nove artes liberais. Afinal, até os gregos antigos sabiam muito bem que você não pode produzir arte alguma a menos que se lembre das habilidades que aprendeu! Ah, e você também se dá conta de que, por algum motivo, Mnemosine tem nas mãos um dente muito grande, o qual observa, admirada.

Você já entendeu que esse tomista tem uma casa bastante incomum, e, quando olha para um *espelho localizado na parede oposta à do suporte de armas*, fica mais desconcertado por não ver o seu próprio reflexo, mas um grande livro com pernas sob um poderoso gerador elétrico. Sob o espelho há um banco acolchoado, e sobre ele repousa outra peça de mobiliário — um armário, para ser mais exato. Você se preocupa com a possibilidade de o armário escorregar e cair no chão, já que está jaz abarrotado sobre uma base estreita e sem borda.

A última parada na entrada da casa do tomista é uma *pequena gaveta debaixo da almofada do banco*. Quando você abre a gaveta, fica ainda mais surpreso por ver um mentalista que você conhece frustrado por não conseguir demonstrar suas habilidades. Você conhece algum mentalista? Não se preocupe, basta que você imagine um. (Você ao menos sabe o que é um mentalista? Não se preocupe, estamos usando a palavra mentalista de acordo com a definição do dicionário: "um mágico que realiza proezas que aparentemente demonstram seus poderes extraordinários, como o de ler mentes". É claro que, no nosso caso, a demonstração dele não dá tão certo.)

Bem, aqui estamos nós. O que temos? Repassemos o estranho cenário de novo, enquanto você tenta imaginar cada parte dele a partir dos "olhos da mente", ou de sua imaginação. Aqui estão os locais: (1) a porta da frente, (2) o tapete,

Empodere seu pensamento com Tomás de Aquino

(3) o painel de vidro ao lado da porta, (4) o retrato na parede, (5) o suporte de armas, (6) o centro da área de entrada, (7) o candelabro, (8) o espelho na parede oposta, (9) o banco sob o espelho e (10) a gaveta.

Agora veremos as estranhas imagens associadas aos locais. Na porta da frente, você encontrou *um presidente de fala lenta, Theodore Roosevelt*, carregando seu *porrete*[5] ilustrado com um *coração e um cérebro*. O tapete estava decorado com *mãos em oração* emitindo *faíscas elétricas*. Através do painel de vidro da porta de entrada, você viu a cela daquele religioso medieval e, nela, o próprio São Tomás, bem como um grande livro e muitas garrafas de *vinhos* de safra! Sobre o retrato na parede havia duas cenas, uma com *dois amigos apreciando um livro* e outra com os mesmos *dois amigos discutindo*. Sobre o suporte de armas estava o *globo* que *envolveu* seus dedos. No centro da área de entrada via-se *Cristo* cercado de *santos*. No candelabro, segurando e admirando um *dente*, a estátua de *Mnemosine*. No espelho da parede oposta, você identificou o *livro embaixo de um gerador de energia*. Sobre o banco acolchoado, o armário lotado, balançando em cima de uma base sem borda. Por fim, numa gaveta do mesmo banco acolchoado, estava o *mentalista* cujo truque *falhou*. Vamos detalhar para facilitar a revisão.

Local	Imagem
1. Porta da frente	Roosevelt fala lentamente e carrega o porrete
2. Tapete	Mãos em oração saindo faíscas
3. Painel de vidro	Cela do monge/adega

---

5 Em 2 de setembro de 1901, o então vice-presidente norte-americano Theodore Roosevelt, ao discursar a respeito de sua política externa ideal, resumiu-a assim: "Fale manso e carregue um grande porrete".

Amar a verdade independentemente de sua fonte

4. Retrato	Amigos sorrindo/discutindo
5. Suporte de armas	Globo envolvendo seus dedos
6. Centro da entrada	Cristo cercado de santos
7. Candelabro	Dente admirado por Mnemosine
8. Espelho	Livro com pernas sobre o gerador
9. Banco acolchoado	Armário com base sem bordas
10. Gaveta	Mentalista que errou o truque

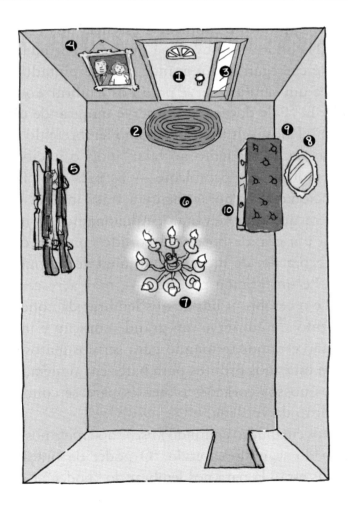

Tudo bem até aqui? Se você já assimilou os dez locais e as imagens associadas a eles, ótimo! Caso contrário, faça mais alguns "passeios mentais" até que você consiga, até que possa enxergá-los nitidamente com os "olhos da mente". Conseguiu? Muito bem. Dessa forma, você está muito perto de conhecer e lembrar a essência dos dez preceitos-chave da carta ao irmão João, que são a base dos dez capítulos deste livro.

É isso o que temos feito. Cada uma dessas estranhas imagens foi usada para representar e lembrar os títulos de nossos capítulos e capturar a essência dos preceitos de Tomás. Theodore Roosevelt na porta de entrada, *falando devagar* e carregando um grande porrete pintado com um *coração* e um *cérebro*, serve para nos lembrar do título do capítulo 1: "Fale devagar e conserve um grande coração e intelecto". Roosevelt foi usado como lembrete do conselho de Tomás para "ser lento ao falar" pois o início da frase mais memorável do presidente — as palavras "fale manso" — acionará em nossa mente a frase inteira, mas com uma alteração: "fale devagar". Adicionamos as imagens e a frase a um grande porrete decorado com um coração e um cérebro a fim de incorporar o final de sua memorável frase — "e um grande porrete" —, mas acrescentando o coração e o cérebro a fim de nos lembrar da conclusão do nosso título: "e conserve um grande coração e intelecto". Afinal, não estamos treinando para sermos lentos no falar, nem para estarmos prontos para bater em alguém, mas treinamos os nossos corações e mentes para se concentrarem na obtenção da verdade.

As mãos em *oração* emitindo *faíscas* no *tapete* nos lembram do título do segundo capítulo "O poder da oração pura". (As faíscas estão lá para nos lembrar do "poder".) Tomás *estudando* numa *cela* e a *adega* que vemos pelo painel de vidro no jardim da frente são lembretes do título do capítulo 3, "Da cela para a adega: um espaço de estudo que você consiga amar". Nossa quarta imagem, a pintura com *amigos sorrindo enquanto examinam um livro* em um painel e *discutindo* no painel contíguo, irá nos relembrar do título do capítulo 4: "Os benefícios e os perigos da amizade". O *globo* em cima do suporte de armas do quinto local *envolveu* seus dedos, constituindo um lembrete visual do nosso quinto capítulo: "Liberte o intelecto evitando as distrações do mundo". (Cheguei a pensar em colocar um *cérebro* enredado no *globo,* pois seria um lembrete mais direto do intelecto, mas os dedos me pareceram uma imagem mais natural.)

Cristo e seus *santos* favoritos no centro da entrada (sexto local) é um lembrete bastante direto do título do capítulo 6: "A imitação de Cristo (e daqueles que O imitam)". Quanto ao *dente* que *Mnemosine* segura nas mãos e admira no candelabro, usamos a palavra "dente" (*tooth*) como um lembrete concreto da palavra abstrata "verdade" (*truth*) e a deusa da memória para evocar... bem, a própria memória. O título do capítulo 7 é "Amar a verdade independentemente de sua fonte (e sobre a perfeição da memória)". No espelho (local oito), você viu aquele *livro* com as pernas *sob um gerador de energia* para que se lembrasse, com antecedência, do título do capítulo 8: "Como ler qualquer livro: sobre o poder da compreensão". O gerador de energia está lá, é claro, para representar visualmente a palavra "poder".

O *armário* abarrotado sobre o banco acolchoado (nona imagem) deve nos lembrar da primeira metade do título do capítulo 9: "Enchendo o armário mental ao máximo: como construir uma base de conhecimento". A *base sem borda* serve como lembrete, é claro, para a segunda parte. Finalmente, o *mentalista* na gaveta do banco deixa seu *truque* falhar para nos anunciar o título do capítulo 10: "Conhecendo os poderes mentais... e seus limites".

Conseguiu guardar tudo? Se não, repita o exercício uma ou duas vezes, ou estude um pouco o sumário, lembrando sempre que o que importa não é escrever os títulos ou preceitos exatos dos capítulos, mas seus sentidos subjacentes, os quais você pode resumir com suas próprias palavras.

Esse método é a versão de um antigo sistema de memória chamado *método de loci*, que o próprio São Tomás endossou. Os *locais* que apresento na tabela são como um bloco mental de notas que pode ser usado regularmente para memorizar diferentes assuntos. As *imagens* colocadas em cada local são como a tinta que você pode usar para "escrever" o que quiser neste bloco de notas da memória: dicas de estudo, fatos da fé ou mesmo os princípios da macroeconomia! Na verdade, na segunda parte deste livro mostraremos como continuar a construir essas casas da memória e a mobiliá-las com todos os tipos de informações relevantes para aprender a pensar como Tomás de Aquino e para que você as tenha à mão sempre que precisar.

Prescrições do doutor

Receita para armazenar verdades na memória como os grandes mestres medievais.

Refletir

Você está conseguindo compartilhar do respeito de São Tomás (e de São João Paulo II) pela verdade, qualquer que seja sua fonte? Aprendeu algo novo sobre o valor e os métodos para memorizar verdades importantes?

Ler

São Tomás aborda a memória como parte da prudência na *Suma teológica*, II-II, q. 49, art. 1. Em *The Book of Memory*, de Mary Carruthers, podemos encontrar observações sobre São Tomás como mestre da memória, bem como a análise completa, linha a linha, que seu mestre Santo Alberto realizou do *Ad Herennium*, o mais antigo livro existente sobre esses métodos mnemônicos (cerca de 80 a.C.)

Recordar

Como esquecer as lições deste capítulo sobre a memória? Você conseguiu memorizar os dez temas dos dez capítulos deste livro? Se não, não se desespere, pois *repetitio est mater memoriae* [a repetição é a mãe da memória]. Tente mais uma ou duas vezes, e assim creio que você dominará a técnica. Além disso, empregamos a técnica dos *loci* para frases muito complexas. Mesmo os antigos mestres da memória diferenciavam a "memória para palavras" (repetição de frases por memorização, palavra por palavra) e a "memória para coisas" (a capacidade de memorizar conceitos ou ideias-chave). Com efeito, é à "memória para coisas" que esses métodos se fazem mais adequados (como você verá e experimentará nos exercícios da parte 2). É por isso que sugeri que você fique à vontade para memorizar as principais lições de cada capítulo com suas próprias palavras.

Esses métodos foram criados e usados por oradores que memorizavam os pontos-chave (não as palavras exatas) de seus discursos literários, políticos ou jurídicos recorrendo a imagens visuais em um sistema de memória ordenado, chegando quiçá a usar vários recursos do próprio edifício ou do fórum em que discursavam. Desta forma, enquanto falavam, bastava-lhes apenas olhar em volta para lembrar-se de todos os pontos importantes, seguindo uma ordem exata. (É o que faço em todas as minhas palestras.)

Encerro com a história de um orador moderno muito talentoso, um homem cujo programa de televisão já liderou os índices de audiência nacional — um homem, ademais, que escreveu sua tese de doutorado sobre os escritos de São Tomás de Aquino!

O venerável Fulton J. Sheen (1895-1979) contou uma história para ilustrar por que treinava sua memória e dava palestras sem anotações. Enquanto fazia uma homilia num domingo, disse, certo bispo parou de falar por um tempo enquanto remexia em suas anotações, tentando se encontrar. Para desgosto do pregador, uma paroquiana idosa não conseguiu se conter e falou, em voz alta: "Como ele espera que nos lembremos de tudo isso se ele mesmo não consegue fazê-lo?".

CAPÍTULO 8

Como ler qualquer livro: sobre o poder da compreensão

Trata de compreender aquilo que lês e ouves, e esclarece
sempre tuas dúvidas.

Tomás e os tomistas proclamam o poder da leitura

Mortimer J. Adler, prolífico filósofo do século XX, certa vez escreveu um livro chamado *Como ler livros*. Muitos, brincando, perguntaram-lhe como alguém poderia ler seu livro se ainda não soubesse como fazer isso. Adler, então, apontava o subtítulo: "O guia clássico para a leitura inteligente". Seu livro, é claro, não era uma cartilha sobre como ler, mas um guia para ler com mais eficácia e para ler os tipos de livros que libertam e educam a mente. Ele também riu por último, por assim dizer, já que o livro se tornou seu *best-seller*.

Em certo sentido, o livro é uma longa explicação da primeira parte deste preceito de Tomás sobre o estudo. Na verdade, Adler era um grande admirador de São Tomás de

Aquino e se considerava tomista. Além disso, embora tenha nascido em uma família judia e chamado a si mesmo de "pagão" durante a maior parte de sua vida adulta, Adler tornou-se cristão próximo de sua sétima década de vida e morreu por volta dos noventa como membro da Igreja Católica. Pense num homem que se dedicou ao estudo e que seguiu a verdade onde quer que ela o conduzisse! Quanto a mim, em torno dos quarenta, dois livros de Adler levaram-me a um primeiro contato com São Tomás, o que, por sua vez, me trouxe de volta para Deus.

O tipo certo de leitura abre para nós compartimentos profundos do conhecimento. Seguindo o conselho anterior de São Tomás, podemos começar com os "pequenos riachos" — que são os livros mais breves e acessíveis — enquanto nos formamos ao longo do tempo para beber do conhecimento mais profundo dos tomos maiores e mais elevados — das obras de São Tomás, pois!

A compreensão faz toda a diferença

Tomás sabia bem que a capacidade de compreender nos define como seres humanos. Ele escreveria em sua obra-prima que "a operação de um ser é o que lhe indica a natureza; e, sendo a operação própria do homem como tal o inteligir, por ela transcende todos os animais"[1]. Esse poder da compreensão é a principal "diferença do homem", o qual Adler também acreditava fazer toda a diferença. Trata-se do fator fundamental de nossa natureza. Além disso, como nos aponta Peter Redpath, um tomista dos tempos modernos, "uma vez que a natureza humana é o princípio próximo de todos os princípios de raciocínio que dela decorrem,

---

1 *Suma teológica*, I, q. 72, art. 1.

estar errado sobre a natureza humana nunca gerará um entendimento correto da filosofia, da ciência, da metafísica, da ética ou da religião"[2].

Redpath não foi o primeiro a fazer essa afirmação (nem São Tomás). Aristóteles o sugeriu há mais de 2300 anos, quando observou que "o conhecimento da alma contribui bastante para a verdade em geral, e sobretudo no que concerne à natureza; pois a alma é como um princípio dos seres vivos"[3]. São Tomás esteve bem ciente da posição de Aristóteles, pois escreveu um comentário detalhado sobre cada linha do *De anima*, onde consta essa afirmação. O próprio Tomás argumentou que não podemos conhecer comportamentos morais adequados, por exemplo, a menos que compreendamos as potências da alma; não podemos raciocinar sobre as coisas sobrenaturais mais elevadas e celestiais a menos que compreendamos os poderes imateriais de nosso intelecto; e não podemos compreender adequadamente os seres vivos a menos que compreendamos como todas as suas ações se originam na alma.

Se desejamos pensar como Tomás de Aquino, devemos prestar muita atenção ao que ele pensa sobre a natureza da compreensão humana. Na verdade, o funcionamento da compreensão é o que nos distingue dos outros animais, e é também uma característica importante pela qual se manifesta a imagem e semelhança de Deus. Façamos, portanto, um *tour* rápido pelas reflexões de Tomás acerca da compreensão. Isso nos ajudará a entender tudo o que lemos — bem como tudo o que há em nós e no mundo.

---

2 Peter Redpath, *The Moral Psychology of St. Thomas Aquinas: An Introduction to Ragamuffin Ethics*. St. Louis: En Route Books, 2017, p. 32.
3 São Tomás de Aquino, *Comentário ao De anima de Aristóteles*. Notre Dame: Dumb Ox Books, 1994.

A essência da natureza humana

Talvez você já tenha ouvido falar na "questão mente-corpo" em filosofia e psicologia. Como os acontecimentos puramente mentais em nossa cabeça podem impactar as realidades físicas apartadas de nossos corpos, e vice-versa? Grandes pensadores ao longo dos tempos adotaram uma imensa variedade de pontos de vista sobre essa questão essencial da natureza humana. Alguns deles opuseram a mente ao corpo; outros os reduziram a uma coisa só. Platão, por exemplo, acreditava que, enquanto estamos na terra, somos almas espirituais presas em corpos materiais. Outros, como Demócrito nos tempos antigos e muita gente que hoje se considera adepta da ciência, crê em que não somos nada além de matéria e em que a mente — e mais: a alma — não passa de uma invenção antiquada. Tomás de Aquino não poderia discordar mais dessas duas visões. Diz ele que o corpo e a *alma* (termo mais amplo do que "mente", e que a engloba) não são duas naturezas separadas dentro de nós, mas formam uma unidade composta que configura o ser humano. Aristóteles havia, mil e quinhentos anos antes, feito uma breve anotação: "Não é preciso investigar se alma e corpo são uma unidade; é como se perguntássemos se a cera e sua forma são uma só"[4].

Tomás confere à pergunta uma resposta completa. Ele observa: "A matéria é aquilo que, por si, não é 'este algo', mas algo que está somente em potência para que seja 'este algo'. O composto é propriamente dito aquilo que é 'este algo'[5]. A alma é a forma do corpo — esse dom de Deus que nos torna seres humanos particulares[6].

---

4 *De anima*, livro 2, cap. 12.
5 *Comentário ao De anima*, livro 2, cap. 1.
6 Este também é o ensinamento oficial da Igreja. Veja-se *Catecismo da Igreja Católica*, 365.

Uma palavra sobre a perfeição, que São Tomás compreende de maneira específica: ser perfeito é, literalmente, ser completo. Em latim, *per + factus* significa "completamente feito". Deus é perfeito porque é completo em todos os atributos, totalmente realizado, puro espírito, imaterial e, portanto, imutável ou inalterável. Tomás afirma que na matéria existem quatro graus de perfeição: (1) existir; (2) viver; (3) sentir; e (4) compreender. Como seres humanos vivos, você e eu contemplamos todos os quatro. A calçada da sua casa atingiu apenas o primeiro grau — o que, em si, é bom, pois Tomás ecoa a palavra de Deus no livro do Gênesis, segundo o qual "tudo o que existe é bom". E, no entanto, sua calçada não pode fazer muito mais do que ficar ali para os carros estacionarem, pois não tem alma. E quanto ao mato que cresce e deixa sua calçada suja? Tem alma? São Tomás responde com um inequívoco sim, embora num sentido específico e relativamente limitado. Claro, nosso interesse aqui é a natureza do homem e da alma humana, e não do cimento ou do mato, mas eles nos fornecem um ponto de partida para entendermos a alma humana, incluindo sua capacidade única de compreensão.

Às vezes — e estamos no primeiro nível de perfeição — chamamos as coisas não vivas de objetos *inanimados*; e, nos três níveis seguintes, chamamos os seres vivos de objetos animados. Pensamos assim como Tomás de Aquino, porque *anima* é "alma" em latim. O mato na sua calçada, assim como os narcisos, as orquídeas e as árvores ao redor, estão realmente vivos e, portanto, têm alma — uma alma vegetativa que convém aos vegetais e todas as formas de vida vegetal! A pedra ou o asfalto em sua calçada não têm alma, mas o mato, as ervas e qualquer tipo de vida vegetal, sim, já que essa é a função mais básica da alma: ser a "forma" que dá vida à matéria do corpo físico de um ser vivo. Essa alma vegetativa vivificante tem três potências principais: (1) nutrição, (2) crescimento e (3) reprodução. (Neste ponto, você pode notar que também é dotado destas três potências.)

Para passarmos do mato nas calçadas direto a nossas potências humanas, chamo a sua atenção para o diagrama "Poderes vegetativos, sensíveis e intelectuais da alma".

Começamos com as três potências da alma vegetativa, que na pirâmide da alma da vida vegetal formam o ápice, mas não passam do fundamento mais baixo da alma humana. Toda planta, animal ou ser humano maduro na face da terra que não tenha alguma deficiência ou defeito incomum goza, por natureza, das potências próprias para se nutrir, crescer, reparar tecidos e reproduzir a espécie. De fato, enquanto os modernos ponderam como é possível que uma alma espiritual (ou ao menos uma "mente") surja a partir de um corpo material, *um dos atos mais fundamentais da alma consistem em desenvolver um corpo apropriado.*

Subindo um degrau crucial nesta pirâmide de perfeição, chegamos ao nível da alma sensível, a qual caracteriza criaturas como o seu cão ou gato. Por mais que eles gostem de comer, crescer ou encontrar parceiros, é provável que façam muitas outras coisas além disso. Afinal, é por isso que, na hora de pegar um animal de estimação para a família, você os escolheu em detrimento de um pé de alface. O traço distintivo da alma sensível não é o fato de ela poder ficar mal--humorada ou ser facilmente desprezada, mas o fato de que os animais — e não as plantas — têm potências sensitivas.

A primeira dessas potências é o tato, e alguns animais primitivos podem tê-lo sem ver-se dotados dos outros quatro. Tomás usa a ostra como exemplo. Nossa capacidade de sentir o tato é bem desenvolvida, e podemos usá-la para detectar toda sorte de coisas, como calor, pressão, vibração etc. É evidente que nossos cães e gatos compartilham desta capacidade, assim como dos outros quatro sentidos — olfato, paladar, audição e visão. Na verdade, meus cães são capazes de cheirar e ouvir muito melhor do que eu, e aposto que o mesmo se aplica ao seu. Além disso, nós e outros animais temos órgãos corporais que servem a esses sentidos — pele, nariz, língua, ouvidos e olhos —, juntamente com as redes nervosas e os centros cerebrais aos quais elas se conectam.

Além do "sexto sentido": em direção ao sétimo, oitavo e nono

Nossos cinco sentidos externos abrem caminhos para o conhecimento e o entendimento, mas estão longe de ser, em si, o fim da estrada. Permitam-me demonstrar isso com uma cena simples.

Vejo duas manchas brancas, ouço sons de batida, sinto a umidade e um cheiro diferente. O que seria? Os meus sentidos não me dizem muito mais que isso. Agora percebo que cada mancha tem cerca de um metro de altura, está a poucos centímetros de distância, tem quatro projeções para baixo em forma de tubo e uma na parte de trás, a qual se move rapidamente de um lado para o outro. Ainda não sabe o que são? Então deixem-me apresentar-lhes as nossas cadelas Lily e Lucy, que acabaram de entrar em casa após brincar na neve e estão sacudindo os pelos encharcados.

Perceba que as informações díspares que nos chegam pelos sentidos externos não ficam exatamente claras até serem todas reunidas e integradas pelo que São Tomás chamou *sensus communis,* ou "senso comum". Ele não está falando do tipo de senso comum prático e realista que os seus pais sempre o incentivaram a usar, mas de uma especial capacidade de síntese. É esse senso comum que nos permite perceber como uma coisa só (ou duas, como no exemplo!) os muitos dados fornecidos pelos nossos diversos sentidos externos. Na terminologia da psicologia moderna, os sentidos geram sensação, enquanto o senso comum — o primeiro dos que Tomás chama de os quatro sentidos internos — gera percepção. A percepção deriva da palavra latina *percipere*, "apreender totalmente" (como um todo, a coisa unificada — neste caso, as duas coisas inteiras: nossas cadelas Lily e Lucy).

Os outros sentidos internos estão no mesmo nível da pirâmide. Posso apostar que você formou algum tipo de imagem mental difusa das pequenas Lily e Lucy, não foi? Para o ajudar um pouco, Lily é um esquimó americano miniatura de cinco anos. Trata-se de uma espoleta de catorze quilos envolta num pelo grosso e fofo, branco como a neve. Lucy tem nove anos e também é uma miniatura, com pelagem branco-prateada e muito lustrosa — uma bolinha felpuda de dez quilos com o clássico focinho que lhe rendeu o nome de *schnauzer*. As imagens mentais que você formou são cortesia de outro sentido interno, chamado, muito apropriadamente, *imaginação*. Com efeito, Aristóteles, acreditava que "a alma jamais pensa sem a imagem"[7], com o que o Doutor Angélico concordava.

Os homens e os animais mais desenvolvidos têm o poder de conservar as percepções sensoriais depois que os objetos que as produziram já não estiverem presentes para agir sobre os órgãos dos sentidos. Essa capacidade de formar imagens, como acabamos de ver, chama-se imaginação. Podemos dizer que os cinco sentidos externos e o senso comum são potências de "apresentação", uma vez que nos transmitem e apresentam dados particulares que estão no mundo exterior (e por vezes, também, no mundo interior, como quando ouvimos não os nossos cães, mas o ronco de nosso estômago). O sentido interno da imaginação é a primeira de nossas potências "re-presentacionais", dado que as imagens servem como representações de experiências originais que nos libertam do presente imediato. Podemos imaginar, por exemplo, Lily e Lucy mesmo quando não estão por perto. Além disso, a imaginação tem outro truque muito criativo na manga: a sua capacidade de combinar e formar imagens de coisas que nunca experimentamos. Ninguém jamais viu um esquimó americano ou um *schnauzer* tão grande como uma casa (graças a Deus!), mas podemos imaginá-los facilmente. Também podemos criar figuras imaginárias inovadoras, combinando imagens de praticamente tudo o que um dia vimos ou imaginamos!

Um terceiro sentido interno é a *memória*. Também representacional, ela alimenta a capacidade da imaginação com

---

7 *De anima*, livro 3, cap. 7.

componentes temporais, emocionais e intelectuais. Pelo poder da memória, percebemos que os objetos que deram origem às nossas imagens não estão apenas ausentes, mas aconteceram no passado. Nossas memórias pessoais também estão inseridas no contexto das experiências emocionais em que ocorreram. Lembre-se de sua avó ou de seu melhor amigo de infância, e provavelmente você sentirá algo também.

Com os seres humanos, o intelecto também entra no jogo. Certamente você se lembrará de nosso último capítulo, em que vimos que não apenas podemos reter impressões passadas pela memória sensorial, como outros animais, mas também temos a capacidade de recordar, por meio da qual as potências do pensamento no topo da nossa pirâmide descem para conversar e nos ajudar a descobrir estratégias para lembrar de coisas antigas e novas. Além disso, podemos recordar não apenas de coisas particulares que sentimos no passado, mas também de conceitos universais e ideias abstratas.

Homens e animais compartilham de um sentido interior definitivo e mais vital. Não só percebemos as coisas como dotadas de certas qualidades, mas também se são boas ou más, desejáveis ou indesejáveis, úteis ou prejudiciais. Nos animais, isto é chamado sentido estimativo (*vis estimativa*) ou prudência animal. São Tomás observa que o cordeiro não sente apenas coisas como o tamanho, a forma, a cor, o som e o cheiro do lobo, mas também a *periculosidade* do lobo, a qual não está presente apenas nas informações derivadas dos sentidos externos. Esse senso de estimativa é o componente cognitivo do instinto.

Mesmo nós, humanos, sentimo-nos naturalmente atraídos ou repelidos por alguns objetos antes que tenhamos tempo de refletir sobre eles por meio do intelecto. (No meu caso, a presença súbita de uma cobra desencadearia a mesma resposta do cordeiro; em minha esposa, seria um rato a executar a *mágica*.)

Nos seres humanos, essa potência tão importante, crucial para a preservação da vida, também está sujeita à condução intelectual. É chamada de sentido cogitativo (*vis cognitiva*) ou "razão particular", e tem esse nome porque sujeita-se à condução do intelecto (a ser abordado mais tarde). Seu foco, porém, está nas coisas particulares, e não em conceitos universais.

Assim como o senso comum integra a informação que chega dos cinco sentidos externos, também o sentido cogitativo integra a informação dos sentidos externos e dos sentidos internos de ordem superior — do senso comum, imaginação e memória —, o que deixa o senso cogitativo a apenas um passo das potências da alma intelectiva.

Este foi um breve olhar sobre os sentidos internos. Há, entretanto, mais coisas neste nível da nossa pirâmide, no âmbito das potências sensitivas da alma.

Acometido por um sentimento? Movimente-se!

O senso de estimativa que permite que Lily e Lucy, ou você e eu, determinemos que certas coisas são boas ou ruins para nós com certeza não teria muito sentido se tudo o que pudéssemos fazer fosse ficar ali, imóveis como um vegetal, estáticos e satisfeitos, enraizados num ponto da terra. Todavia, mais duas potências fundamentais da alma sensitiva separam os mundos animal e vegetal.

As primeiras são a fonte do que Tomás chamou de "paixões" e do que chamamos costumeiramente de emoções ou sentimentos. Embora possamos vivê-las com intensidade e elas possam motivar-nos à ação, Tomás usa a palavra "paixão" porque ela implica passividade, no sentido de que nossos corpos e almas apresentam receptividade — a capacidade de sofrermos influência dos objetos que percebemos fora de nós mesmos, seja para nos atrair para eles (como na paixão do amor) ou para nos repelir (como na paixão do ódio), ao passo que os membros do reino vegetal ficam parados ali, absorvendo o sol e os nutrientes, indiferentes a qualquer outra coisa.

Os nossos animais de estimação e os animais selvagens têm paixões, assim como nós. As paixões são aqueles movimentos dos apetites sensíveis da alma que surgem quando nos deparamos com o bem ou com o mal. As duas potências primárias que produzem todas as nossas paixões são o apetite concupiscível, alimentado pelo amor, mediante o qual sentimos afinidade pelo bem e repulsa pelo mal; e o apetite irascível, alimentado pelo ódio, que nos motiva a remover os obstáculos que nos impedem de amar as coisas a que nos afeiçoamos. Em última análise, o amor conquista tudo e é a paixão primária que nos move, uma vez que mesmo as paixões do apetite irascível servem para remover quaisquer obstáculos que se interponham entre nós e os objetos de nossa afeição.

Podemos ver muito claramente a ação desses apetites no mundo animal, em que tantos comportamentos são motivados pelo apetite concupiscível: a busca de alimentos, companheiros e território (que fornece acesso aos alimentos e aos companheiros)... Por outro lado, a maior parte dos comportamentos agressivos é motivada pelo apetite irascível — quando, por exemplo, entram em confronto na busca por esses mesmos bens. Os seres humanos também têm esse apetite, como tenho certeza de que você deve concordar por experiência própria. Mais uma vez, como no caso de muitas potências sensitivas superiores, embora os animais sejam guiados pelo instinto e pelo adestramento, nossa capacidade de raciocínio pode intervir para regular esses apetites (embora nem sempre seja fácil).

Por fim, em relação às potências da alma sensitiva, chegou a hora de falar sobre a locomoção, por assim dizer. Experimentar apetites e aversões de nada adiantaria se não tivéssemos meios de agir em relação a eles, de ir atrás das coisas boas e fugir ou lutar contra as más. Aristóteles argumentou que a natureza não age em vão, e São Tomás concordava com ele. Esta potência última da alma sensitiva é a da locomoção ou do movimento próprio. Ao contrário das plantas e dos outros seres, os homens e os animais (com exceção de alguns poucos que vivem fixados em algum lugar) são capazes de se movimentar, deslocando seus corpos inteiros ou alguns de seus membros a fim de buscar ou evitar coisas, conforme a conveniência.

Eis uma breve introdução às potências da alma sensível. É hora, pois, de dar o salto mais crucial em direção ao topo da nossa pirâmide, aonde só chega o ser humano — única espécie que tem a capacidade de observar e guiar as outras potências. Comecemos pelo cume.

A alma intelectiva e a estrada para o entendimento

As capacidades de pensamento dos animais limitam-se ao nível dos *fantasmas* ou imagens. Essas imagens capturam e representam objetos e acontecimentos — Lily, por exemplo. Todavia, nós podemos também falar de cães de uma forma geral. Você provavelmente nunca viu Lily, mas entende o que quero dizer quando falo sobre ela. De fato, em relação a todas as palavras que uso neste livro, você as entende ou, se não o faz, ao menos pode pesquisar ou perguntar a alguém o significado delas. Cães, como Lily e Lucy, bem como todas as outras espécies animais (até papagaios), não produzem palavras próprias. Além disso, você e eu também podemos falar sobre abstrações como a verdade, a justiça, ou... o *jeitinho brasileiro*, mesmo que não possamos vê-los, ouvi-los, tocá-los, saboreá-los ou cheirá-los. Este é o dom da alma intelectiva, a qual abarca duas potências principais que nos permitem compreender as realidades abstratas, universais e imateriais.

Assim como os sentidos internos produzem imagens a partir de impressões sensoriais, o intelecto agente ou ativo produz abstrações a partir dessas imagens. A palavra latina *intellectus* deriva de *intus* (dentro) e *legere* (ler). O *intelecto agente* olha o que está por trás da superfície da experiência a fim de abstrair (extrair) as essências dos objetos que estimularam nossos sentidos. Ele classifica o emaranhado de dados sensoriais para perceber a natureza essencial e universal de algo. O olhar do intelecto agente não é obstruído por características particulares e acidentais; é como um raio X que penetra desde o exterior para ver a realidade sob a aparência. Meus olhos observam a pequena e fofa Lily e a robusta e barbuda Lucy, ao que meu intelecto agente detecta a *quididade* — aquela qualidade essencial: neste caso, a "cachorridade" de Lily e Lucy — que elas compartilham, apesar de suas diferenças acidentais e não essenciais. A *abstração* produzida pelo intelecto agente constitui *forma sem matéria*. É *imaterial* e não é produto de nenhum órgão corporal específico (nem mesmo do cérebro), ao contrário dos produtos dos sentidos.

No entanto, ainda não é na pelugem branca, fofa e sedosa de minhas cachorrinhas que o intelecto termina o seu trabalho.

A última parada no caminho para a compreensão humana é o *intelecto possível*[8]. Assim como as percepções dos sentidos e o senso comum fornecem os dados para as imagens, as abstrações do intelecto agente propiciam a base para as ideias ou conceitos do intelecto possível. A abstração é então recebida pelas faculdades do intelecto possível, que o estimula a criar um produto próprio que chamamos de *conceito* ou *ideia*. Entendeu a ideia[9]? A tabela a seguir pode nos ajudar:

A estrada para o entendimento

Nível da alma	Potência	Produto
Sensitivo	Sentidos externos	Sensação
	Senso comum	Percepção
	Imaginação	Fantasma
	Memória	(ou imagem)
	Senso cogitativo	
Intelectivo	Intelecto agente	Abstração
	Intelecto possível	Ideia (ou conceito)

---

8 Estritamente falando, Tomás não diz que temos dois intelectos, mas duas potências primárias do intelecto usadas na formação de conceitos. Essa faculdade intelectual também pode ser referida como o intelecto *passivo* ou *potencial*. No latim de Tomás: *intellectus possibilis*.

9 Essa ideia é fundamental, e comentaremos alguns de seus mal-entendidos no capítulo 12. Desde a época de John Locke, no século XVII, muitos filósofos e psicólogos modernos lançaram dúvidas sobre a capacidade da mente ao achar que as ideias são objetos do nosso pensamento ou aquilo em que pensamos, rompendo assim a conexão direta entre nossas ideias e o mundo exterior. São Tomás deixa claro que as próprias coisas é que são os objetos das nossas ideias e que nossas ideias são principalmente um meio, um instrumento que usamos para pensar sobre as coisas, embora também tenhamos a capacidade autorreflexiva de pensar sobre o pensamento.

Quiçá a tabela abaixo seja útil para vermos isso como um processo:

O nascimento de uma ideia[10]

	Coisa ou objeto			
Faculdades	Senso exterior e senso comum ↓	Imaginação Memória Senso cogitativo	Intelecto agente	Intelecto possível
Produto	*Percepção* →	*Fantasma* →	*Abstração* →	*Conceito ou ideia*
Descrição	Espécies sensíveis impressas	Espécies sensíveis expressas	Espécies inteligíveis impressas	Espécies inteligíveis expressas

Pensamentos imateriais, alma indestrutível

Se pensarmos no caminho que temos percorrido ao observar o processo do entendimento humano, veremos que começamos com *coisas particulares* e terminamos com *ideias universais*. Começamos com as sensações produzidas pelos órgãos *materiais* e corporais e terminamos com os conceitos de uma alma *puramente espiritual*, intelectual. Nas sensações, as formas são separadas da matéria, mas não das condições das coisas materiais particulares: se você *vê* uma pedra, você a vê porque ela está à sua frente. Nas ideias do intelecto, as formas são separadas da matéria e também de suas condições particulares: se você *pensa* sobre a pedra de

---

10 Adaptado de Brennan, R. E. *Thomistic Psychology*. Nova York: MacMillan, 1941, p. 183.

modo geral, *sua mente* "vê" uma imagem de pedra, esteja ela à sua frente ou não. As sensações são particulares e concretas; ideias são universais e abstratas. Uma vez que o intelecto pode conhecer potencialmente a essência de *todos* os corpos materiais, não pode ser ele mesmo um órgão material[11]. Como Tomás aponta:

> Se a alma intelectiva fosse composta de forma e matéria, receberia as formas das coisas como individuais; e então não conheceria senão o singular, como se dá com as potências sensitivas, que recebem as formas em um órgão corpóreo, uma vez que a matéria é o princípio por meio do qual as formas são individualizadas. Resulta, portanto, que a alma intelectiva — e toda substância intelectual conhecedora das formas — carece da composição de forma e matéria[12].

Observemos outra implicação importante da imaterialidade da alma humana — trata-se, a propósito, da mais importante de todas as implicações possíveis. Porque é imaterial, a alma humana não tem partes que se possam decompor. Salvo um ato de aniquilação vinda do próprio Deus, *a alma é também imortal.*

Onde há livre-arbítrio, há um caminho exclusivamente humano

Talvez você tenha reparado que há uma última potência, perto do topo da pirâmide, da qual ainda não falamos. Muito bem. Temos ainda uma explicação a dar. Vimos como os poderes intelectuais da alma humana são únicos entre os de

---

11   Como os homens são compostos de corpo e alma, a alma é de fato abastecida com *fantasmas* pelos órgãos corporais — como os órgãos dos sentidos, que enviam informações para nossos cérebros. Assim, danos causados a esses órgãos materiais podem impedir o intelecto espiritual de formar novas ideias e realizar outras operações intelectuais, como o julgamento e o raciocínio.

12   *Suma teológica*, I, q. 75, art. 5.

todas as criaturas na Terra. Compostos de corpos materiais e almas espirituais, temos uma forma particular de conhecimento — a forma humana — inacessível a animais irracionais. Os anjos têm intelectos mais elevados. Como seres puramente espirituais, o seu conhecimento das coisas chega-lhes todo de uma só vez, como intuição instantânea. Os anjos não exigem os dados sensoriais e as múltiplas etapas do processamento cognitivo e racional que temos[13]. Os seres humanos, pois, não gozam de uma forma única de *conhecer*; temos também uma forma única de *agir*. Se queremos saber que atos humanos conduzem à felicidade, temos de aprender sobre a *vontade* humana. E, uma vez que existe vontade, podemos estar certos de que São Tomás arriscou um *modo* de compreendê-la.

As questões de 1 a 21 da parte primeira da Segunda Parte da *Suma teológica* abordam as questões sobre os atos humanos, dedicando mais de cem páginas ao assunto. Aqui, vamos dar-lhes os devidos destaques.

A *voluntas* — a vontade — é uma capacidade exclusivamente humana. Trata-se de algo tão importante para entender nossa liberdade e nossa salvação que São Tomás usa a palavra de maneira mais precisa do que a nossa compreensão coloquial de vontade, que significa "qualquer coisa que eu queira no momento". Do mesmo modo como o intelecto procura conhecer o *verdadeiro*, a vontade procura obter o *bem*. O intelecto opera no reino do *conhecimento*; a vontade, no reino do *amor*. O intelecto discerne o que é *bom*, a vontade *age* para alcançá-lo. A vontade é a capacidade de *desejar o que é verdadeiramente bom*. De aguentar firme! No sentido cotidiano, é certo que *podemos* desejar o bem ver-

---

13 Os leitores com interesse nos anjos se deliciarão com o tratado do Doutor Angélico sobre eles, incluindo suas capacidades únicas de pensamento. Cf. *Suma teológica*, qq. 50-64.

dadeiro, mas nem sempre o fazemos. Porém, antes de tudo o mais, sem a vontade não poderíamos sequer desejar.

Uma vez que o desígnio último ou o *fim* do homem está em alcançar a felicidade, há um sentido no qual a própria vontade não é livre, pois ninguém pode realmente desejar a infelicidade. Agostinho diz: "Todos, com vontade una, desejam a felicidade"; e Tomás concorda com ele, dizendo: "A vontade quer alguma coisa, necessariamente"[14]. Isso não significa, como defendem alguns psicólogos e filósofos modernos, que não tenhamos livre-arbítrio, que nossos atos sejam predeterminados, e não responsabilidade nossa. Tomás responde aos negadores do livre-arbítrio: "Respondo que o homem tem livre-arbítrio: do contrário, conselhos, exortações, ordens, proibições, recompensas e punições seriam inúteis"[15].

Se a vontade é *necessária* para desejar o bem, como, então, possuiríamos o livre-arbítrio? Tomás diz que o "ato próprio" do livre-arbítrio é a *escolha*. Temos *liberdade de exercício* para escolher aplicar nossas vontades e fazer determinada escolha em determinada situação. Temos *liberdade de especificação* para selecionar uma coisa ou um curso de ação enquanto rejeitamos outros. Nossa livre escolha não se refere ao fim ou ao objetivo final: queremos a felicidade. O que escolhemos são os *meios para esse fim*. É por meio de nossa capacidade de escolher ou não entre diferentes meios que exercemos o livre-arbítrio e nos tornamos agentes ativos, indeterminados por forças externas — somos mestres de nossas próprias ações e dignos de elogios ou censuras.

---

14 *Suma teológica*, I, q. 82, art. 1.
15 *Ibidem*, I, q. 83, art. 1. Para uma visão interessante das alegações de alguns neurocientistas e psicólogos sociais que afirmam, com base em experimentos muito simples e falhos, que eles refutaram a existência do livre-arbítrio, recomendo o livro de Alfred R. Mele, *Free: Why Science Hasn't Disproved Free Will*. Nova York: Oxford University Press, 2014.

Sobre a verificação

Se o irmão João (ou você e eu) queremos verdadeiramente crescer no conhecimento, teremos de nos esforçar por acessar o *significado* de qualquer coisa que lemos. Ler um livro exige muito mais do que conhecer a fonética das palavras na página impressa. Não devemos ser simples papagaios que repetem as palavras do autor sem saber seu significado. Precisamos ler cuidadosamente para entender quais são as intenções do autor.

Além disso, uma vez que tenhamos captado[16] a essência das afirmações do autor, temos de nos perguntar: "É verdade?" Há um velho ditado que diz que "você não pode acreditar em tudo que lê nos jornais". E sua versão atualizada: "Você não pode acreditar em tudo o que lê na internet".

Os católicos acreditam em um livro infalível especial (mais precisamente, em uma coleção de livros): a Bíblia, é claro, tal qual entendida e interpretada pela autoridade da Igreja. Não duvidamos do conteúdo da Bíblia, mas, mesmo assim, não somos apenas o "povo do livro". Cristo não escreveu um livro; Ele fundou uma Igreja, que mais tarde colocou em nossas mãos os livros inspirados por Deus. Além disso, há um velho ditado que diz: "Eu temo o homem de um livro só" — epíteto que, curiosamente, é frequentemente atribuído a ninguém menos que... São Tomás de Aquino! Em outras palavras, devemos recear aqueles que se tornam superespecialistas, cuja visão, talvez excessivamente estreita,

---

16 Se eu puder divagar um pouco, nossa palavra "compreender" deriva do latim *prehendere*, "pegar ou agarrar". De fato, a maioria de nossas palavras comuns para as operações de pensamento abstrato do intelecto revela seus fundamentos nas sensações e movimentos do corpo físico, bem como nos poderes sensitivos da alma, exatamente como Tomás ensinou. "Considerar" vem de *sidera*, "contemplar" as estrelas; "refletir" vem de *reflectere*, "inclinar-se para trás"; "discernir" vem de *circus*, isto é, marcar com *"um círculo ou área circular"*; e "cogitar" vem de *agitare*, "sacudir ou virar". O padre Brennan oferece esses e mais cinco exemplos em *Thomistic Psychology: A Philosophic Analysis of the Nature of Man*. Nova York: Macmillan, 1941.

os tornam incapazes de entender integralmente qualquer assunto, dada a dificuldade de compreender suas relações com a ampla rede de outras verdades que o contextualizam.

Quanto ao nosso preceito aqui, se lemos algo duvidoso, um método para apurar sua veracidade consiste em consultar outras fontes confiáveis, que tenham talvez chegado a conclusões diferentes, e então submeter a questão à nossa própria capacidade de raciocínio. Também há a possibilidade de nos acostumarmos às falácias lógicas correntes e aos pressupostos ideológicos equivocados que nos desviam dos argumentos corretos[17]. Em termos de questões factuais, podemos às vezes recorrer a observações ou a experimentos controlados, instrumentais próprios do método científico. Tomás esteve bem ciente disso em sua época. Afinal, seu grande mentor, Santo Alberto Magno, é o santo padroeiro dos cientistas!

Prescrições do doutor

Receita para destravar o entendimento.

Refletir

Percorremos uma longa estrada neste capítulo e esperamos que nossa viagem tenha nos dado uma base sólida para melhor compreender a nós mesmos e, assim, a tudo o mais. Ofereço agora um pequeno exercício de reflexão para você. Tomás, em seus escritos sobre a virtude da prudência, falou de um "duplo" poder do entendimento: da capacidade de apreender princípios éticos universais (como "fazer o bem") e do poder de compreender a natureza das coisas ou das

---

17 Esse é o assunto dos capítulos 11 e 12.

escolhas particulares que empreendemos para determinar se elas realmente encarnam o "bem" em determinada situação. Essas capacidades podem ser vistas como as premissas universais e singulares de um silogismo ético — e, para colocá-las de forma abstrata, fazemos assim:

Eu deveria fazer o bem (premissa universal).
Este curso de ação particular é (ou não é) bom (premissa singular).
Portanto, devo (ou não) buscá-lo (conclusão).

Pense em uma situação prática desafiadora que você tenha enfrentado recentemente, algo que exigiu que você escolhesse entre algumas ações para atingir algum objetivo acadêmico, profissional ou pessoal. Consegue relembrar como deixou operar sua "dupla" capacidade de entendimento, reconhecendo os tipos de premissas universais e singulares que usou para chegar à sua decisão[18]? Cogite anotá-las. Continuando: você enfrenta agora — ou enfrentará — algum tipo de situação que exigirá uma decisão prudente de sua parte? Em caso afirmativo, que tipo de premissas universais e singulares se aplicam a essa situação, e como você pode usar sua capacidade de memória e entendimento para tomar a decisão mais prudente?

Ler

A análise de Tomás do entendimento como parte da prudência está em sua *Suma teológica*[19]. Sua explicação da natureza humana e das potências da alma pode ser encontrada

---

18 Ambos os tipos de premissas podem variar em função das suas circunstâncias. As premissas universais, por exemplo, talvez envolvam o valor de prosseguir com o ensino superior, equilibrando as obrigações familiares, enquanto a premissa singular pode envolver programas específicos em instituições particulares.
19 *Suma teológica*, II-II, q. 49, art. 2.

no *Comentário ao De anima* de Aristóteles e no *Tratado do homem*[20]. O livro mais claro e útil que encontrei sobre essas questões foi *Thomistic Psychology: A Philosophic Analysis of the Nature of Man*, de Robert Brennan. Outra leitura boa e fácil sobre o assunto é *Intellect: Mind Over Matter*, de Mortimer J. Adler[21]. Por fim, um livro mais desafiador, mas que vale a pena e que saiu do prelo em 2017, é o já mencionado *Moral Psychology of St. Thomas Aquinas: An Introduction to Ragamuffin Ethics*, do Dr. Peter Redpath.

Recordar

Sem jamais esquecer de que é a prática a fonte da boa memória, voltemos outra vez ao nosso *foyer*. Você se lembra de todos os locais e imagens, bem como dos preceitos que eles representam? Se não, está na hora de treinar mais um pouquinho. Uma ou duas revisões devem ajudar a guardá-los e nos aquecer para o trabalho pesado de memória que empreenderemos na Parte 2.

---

20   *Ibidem*, I, qq. 75-89.
21   Mortimer Jerome Adler, *Intellect: Mind over Matter*. Nova York: Macmillan, 1990.

CAPÍTULO 9

Encher o baú ao máximo: construindo a base de conhecimento

Coloca tudo o que puderes no cofre de tua mente,
como quem deseja encher um copo.

Pode completar, por favor — com saber!

Acenamos aqui, mais uma vez, o poder e a importância da memória. Na afirmação que inicia a carta ao irmão João, Tomás recomendou a aquisição de um *thesauro scientiae*, um depósito ou tesouro de conhecimento. Aqui nossa metáfora se direciona à mente como depósito de alimento intelectual e como uma taça a ser preenchida com o fino vinho do conhecimento. O que vale a pena aprender vale a pena lembrar, e uma memória treinada nos proporcionará um lugar para todas as coisas e fornecerá a cada coisa seu devido lugar. De fato, Tomás esteve bem ciente de que, séculos antes de si, São Jerônimo comentara a passagem em que Deus dissera a Ezequiel: "coma este rolo" (Ez 3, 1). Escrevera Jerônimo:

> Comer o livro é o ponto de partida da leitura e da história básica. Quando, por meio da meditação diligente, guardamos o livro do Senhor em nosso tesouro memorial, o nosso

> ventre enche-se espiritualmente e as nossas entranhas ficam satisfeitas [..]. Nada do que tenhas visto ou ouvido é útil, a menos que deposites o que deves ver e ouvir no tesouro da tua memória[1].

Observe também a admoestação de Tomás a que enchamos nossas taças até a boca. Devemos estar tão sedentos da verdade que nenhum copo pela metade nos deve servir! frei Humberto de Romans, que serviu como mestre-geral dos dominicanos quando Tomás já era adulto, escreveu, tomando emprestado de São Bernardo de Claraval, que os pregadores não deveriam ser como um cano, que recebe e derrama tudo de uma só vez, mas como uma tigela, que enche e transborda, compartilhando assim o seu conteúdo com outras pessoas. Nós também devemos imitar o bom pregador, esforçando-nos sempre por encher os nossos cálices de conhecimento. Na verdade, ninguém pode aprender tudo, mas Deus teceu o nosso intelecto finito com uma capacidade de armazenamento tão vasta que podemos realmente nos esforçar pelo resto da vida para preencher de verdades a despensa mental, sem nunca nos preocuparmos com a possibilidade de ficar sem espaço. Um antigo ditado judaico afirma que mesmo um alqueire cheio de nozes pode levar ainda muitos almudes de azeite.

O poder de uma base de conhecimento ampla e robusta

Os psicólogos modernos diriam desse processo que se trata de construir uma ampla *base de conhecimento*. Já ouviram o velho ditado que diz que "os ricos ficam mais ricos

---

1 São Jerônimo, *Comentário sobre Ezequiel*, citado em Carruthers, *The Book of Memory*, p. 44.

Encher o baú ao máximo: construindo a base de conhecimento

e os pobres, mais pobres"? Há um sentido no qual esse princípio opera em nossa capacidade de aprender e pensar. Aprendemos coisas novas fazendo conexões com coisas que já conhecemos; é como os pequenos riachos que conduzem a mares amplos na metáfora de Tomás. Quanto mais coisas se sabe, mais fácil é fazer novas conexões e aprender ainda mais. O acúmulo do que se vai aprendendo ao longo do tempo é a própria base do conhecimento. A base do conhecimento de Tomás era como o sopé de uma montanha — com todo o volume da montanha sobre ela! Qualquer um de nós pode construir a própria base de conhecimentos, sobretudo ao empregar métodos de memorização e estudo como aqueles sobre os quais discorremos no capítulo 7. Basta tentar.

Uma base de conhecimento ampla tem vantagens práticas até para nos ajudar a pensar em soluções rápidas e urgentes e a tomar decisões difíceis no dia a dia. Com um alicerce sólido de conhecimento e experiência, estaremos mais preparados para escolher e agir rapidamente diante dos imprevistos. Teremos mais recursos para usar. Quanto maior e mais robusta for a nossa base de conhecimento, maior a probabilidade de que essas decisões rápidas sejam acertadas.

Na década de 1970, publicou-se um estudo interessante sobre a base de conhecimentos[2]. Com dois tipos de exercícios de memória — um deles testava a capacidade de memorização de números aleatórios de dez dígitos; o outro, a memorização das posições das peças de xadrez — comparou-se um grupo de crianças de dez anos com um grupo de adultos. Quando se tratava de recordar os dígitos, os adultos ganhavam, como era esperado. (Os adultos conseguem, em mé-

---

2 M.T.H. Chi, "Knowledge Structures and Memory Development". In: *Children's Thinking: What Develops?*, ed. Robert S. Siegler. Nova York: L. Erlbaum Associates, 1978.

dia, recordar cerca de sete dígitos em ordem; para crianças de dez anos, a média é seis.) Por outro lado, as crianças se lembravam das posições das peças de xadrez melhor do que os adultos porque jogavam xadrez regularmente. Em outras palavras, embora a sua capacidade bruta de memória ainda não fosse tão significativa quanto a dos adultos, a capacidade da base de conhecimento das crianças acerca do xadrez lhes permitiu que superassem os mais velhos nessa tarefa[3].

Descobrimos, portanto, que uma boa base de conhecimento de princípios éticos importantes, bem como de informações factuais sobre os tipos de tarefas e situações nas quais somos colocados, tornará muito mais fácil tomar decisões rápidas e inteligentes quando nos depararmos com o inesperado. Se quisermos caminhar com firmeza pelas estradas da vida, nossos pés devem estar plantados em uma base de conhecimento firme e substancial[4].

Além disso, há boas notícias na outra extremidade temporal da vida, pois, embora várias capacidades mentais (como a manutenção de novos aprendizados, a agilidade mental para recordar e fazer cálculos etc.) possam dar sinais de decadência, a própria base de conhecimento, que tem sua medida em elementos como a retenção de fatos e vocabulário assimilados há bastante tempo, tende a permanecer robusto mesmo em indivíduos saudáveis que são muito idosos.

---

3 Numa reviravolta muito interessante, pesquisas posteriores mostraram que, quando as peças de xadrez estavam dispostas em padrões que não seriam possíveis num jogo real, as crianças também não se lembravam delas. A sua base de conhecimentos não era tão expressiva para esse exercício de memória.

4 Numa palestra recente que dei sobre técnicas de memorização, um membro da plateia perguntou se eu achava que nos métodos educacionais modernos havia muito foco no "pensamento crítico" (analisar e derrubar questões e encontrar falhas nos argumentos) às custas de memorização e aquisição de uma ampla base de conhecimento. Respondi que achava bom que os alunos fossem adeptos do pensamento crítico — se também aprendessem coisas sobre as quais vale a pena pensar criticamente. Afinal, é difícil pensar criticamente sobre coisas que não se conhece e não se entende!

Encher o baú ao máximo: construindo a base de conhecimento

Uma última observação sobre o valor de uma base ampla e estável de conhecimento: muitas vezes, e mais recentemente na semana passada, tenho ouvido o argumento de que não precisamos memorizar ou entesourar saberes porque a resposta para praticamente qualquer pergunta factual pode ser encontrada em nossos computadores ou naqueles pequenos e ágeis aparelhos que cabem na palma de nossas mãos.

Para aqueles que pensam assim, sugiro a seguinte questão: se você precisasse de uma cirurgia invasiva delicada, quem você escolheria para operá-lo: o especialista em informática mais experiente do mundo numa sala de cirurgia equipada com os mais avançados computadores ou um cirurgião *meia-boca?* O técnico em informática decerto teria à disposição, com apenas um clique ou um comando de voz, praticamente todo o conhecimento médico registrado ao longo da história do homem, enquanto o cirurgião teria acesso imediato a muito menos conhecimento médico. A diferença crucial, é claro, está em que a base de conhecimento do cirurgião encontra-se em sua *cabeça* — e nas mãos! É um conhecimento internalizado. Não sei vocês, mas eu o escolheria. Agora, se fosse um problema de informática, é claro que escolheríamos o melhor técnico de informática do mundo, pois nessa área, depois de anos de treinamento e prática, ele também adquiriu uma vasta base de conhecimento que está em sua cabeça e em suas mãos. Certamente é bom acessar informações de fontes externas, mas também é prudente saber que vale a pena guardar bem o conhecimento que entra pelos nossos ouvidos. Há muita informação relevante não apenas para nossa vida profissional, mas também para a vida do espírito.

Alicerçar a base de conhecimento no fundamento de todo o ser

O entendimento das coisas de Deus deve servir como fundamento e ápice de nossa base de conhecimento, a começar com o conhecimento de Cristo, a "pedra angular" de seu edifício (cf. 1 Pe 2, 6) e "a rocha" (cf. 1 Cor 10, 4) que o mantém unido e o fortalece. Esse conhecimento das Escrituras e do ensino da Igreja foi claramente o fundamento e o ápice do aprendizado de São Tomás. Se você ler praticamente qualquer página da *Suma teológica*, por exemplo, encontrará uma infinidade de citações bíblicas e de ensinamentos dos Doutores da Igreja. Diante de sua primeira pergunta (artigo 5), descobrirá que Tomás chamou a teologia de "doutrina sagrada", a "mais nobre" de todas as ciências, citando nisso tanto as Escrituras ("[A Sabedoria] enviou servas, para que anunciassem nos pontos mais elevados da cidade", Pr 9, 3) quanto Aristóteles, que escreveu em seu *De animalibus* que mesmo "o conhecimento mais limitado que pode ser obtido dos temas mais elevados é mais desejável do que o conhecimento mais concreto dos temas inferiores". A sabedoria que Deus nos revela é a sabedoria suprema e definitiva, que dá sentido a todos os outros conhecimentos obtidos por meio das "servas" que a assistem. (E isso não desabona, antes eleva, o valor dessas servas, algumas das quais destacaremos em breve.)

Deus é a fonte e o ápice de todo conhecimento e verdade, e sempre que usamos nossa capacidade de pensamento para alcançar a verdade estamos buscando algum reflexo da beleza e bondade dAquele que é a própria Verdade. Ainda assim, buscamos suas verdades mais diretamente quando dedicamos tempo para estudar o que Ele nos revelou nas Escrituras e as perspectivas e interpretações aprofundadas pela Igreja que Ele nos legou enquanto esteve na terra. Precisamos, pois, exercitar regularmente a nossa capacidade de memória, de entendimento e de estudo das coisas divinas; e, se assim formos impregnados com a palavra de Deus, os raciocínios que desenvolveremos por nossos próprios pés será cada vez mais prudente. E esses pés, por assim dizer, serão cada vez mais belos e abençoados (cf. Is 52, 7; Rm 10, 15).

Devemos, é claro, reservar algum tempo para estudar com frequência as Escrituras, o *Catecismo da Igreja Católica*, a *Suma teológica*, outros escritos dos santos, os documentos e as atividades (como a sagrada liturgia da Missa) que fazem parte da tradição católica... O que mais? Quais são as outras "servas" que valem a pena estudar, outros campos do conhecimento realmente dignos de estudo para o homem moderno que desejaria pensar como Tomás de Aquino? Que outros tipos de leitura devemos empreender ao longo da vida para buscar uma autoeducação que conduza a um verdadeiro crescimento intelectual e espiritual? Gostaria de sugerir três grandes áreas de estudo que podem nos ajudar a pensar como Tomás de Aquino.

História

O estudo da história pode nos fornecer uma explosão ampla e vigorosa de conhecimento acerca do passado. Os católicos fariam bem em familiarizar-se com a riqueza da história da Igreja, desde a fascinante *História da Igreja*, de Eusébio (263-339), "o pai da história eclesiástica", até os livros dos muitos bons historiadores católicos que ainda hoje estão na ativa, passando pelas obras históricas de G. K. Chesterton e Hilaire Belloc, gigantes literários do século XX. Histórias e biografias seculares também podem servir para cimentar a nossa base de conhecimento de verdades importantes sobre a natureza humana, política, bélica etc. "Aqueles que não se lembram do passado estão condenados a repeti-lo", diz um ditado atribuído a Edmund Burke, filósofo político do século XVIII. Certamente, parte da razão pela qual Tomás cometeu tão poucos erros em filosofia e teologia está em que ele mergulhara profundamente na história das duas disciplinas.

Filosofia

Filosofia é o *philos* (amor) à *sophia* (sabedoria), e Tomás amou a filosofia como poucos antes ou depois. A base de conhecimentos filosóficos de Tomás foi construída a partir dos tijolos sólidos da filosofia de Aristóteles, mas ele conhecia bem e tirou proveito da filosofia de Platão, Cícero, Sêneca, entre outros. De fato, ele utilizou abundantemente as suas ideias e citou-as repetidamente na *Suma teológica* e suas outras obras. Para os leitores que não se sentem inclinados a estudar os mistérios profundos da metafísica ou as rigorosas regras da lógica, algumas das ideias mais práticas e úteis da antiguidade filosófica podem ser encontradas em obras sobre ética e virtudes práticas. Há muitas lições valiosas nessas obras à espera dos homens modernos, tal como houve para São Tomás de Aquino e outros grandes teólogos e Padres da Igreja, que fizeram uma colheita abundante. Entre as obras mais acessíveis e agradáveis para construir uma base de conhecimentos filosóficos estão a *Ética a Nicômaco*, de Aristóteles; *Dos deveres*, de Cícero; as *Cartas* e *ensaios morais*, de Sêneca; o *Manual*, de Epiteto; e as famosas *Meditações*, do imperador Marco Aurélio.

Literatura

Enquanto a história nos diz o que as pessoas fizeram, a literatura pode nos inspirar a respeito do que poderíamos fazer. Grandes obras de literatura representam o poder da imaginação e do raciocínio hipotético em sua forma mais magnífica. Grandes livros, abrangendo diversas épocas e locais históricos, podem expandir nossa base de conhecimento de maneira comovente. Os melhores desses livros estimularão nossas emoções rumo à compaixão e a objetivos e relacionamentos que valham a pena. Vimos anteriormente que ambos os santos, tanto Tomás quanto João Evangelista, recomendam períodos revigorantes de atividades lúdicas intercalados com períodos de estudo diligente. Psicólogos modernos também mencionam o valor do Princípio de Premack (também conhecido "lei da vovó"): "Primeiro o dever, depois o lazer". Em outras palavras, podemos aumentar nossa tendência a fazer coisas difíceis (como estudar) se recompensarmos os períodos de estudo com prazeres.

Os prazeres gerados por grandes obras da literatura nos permitem, de certa forma, relaxar enquanto trabalhamos! De fato, há momentos em que São Tomás — como São Paulo, antes dele — cita obras literárias clássicas em seus escritos.

Prescrições do doutor

Receita para preencher seu armário mental com pilhas de verdades salutares.

Refletir

Algo neste capítulo mexeu com você? Há lacunas significativas em sua educação, ou rachaduras em sua base de conhecimento, que precisam ser preenchidas? Existem *picos* pessoais que você pode elevar ainda mais? Você já formulou um plano de estudos para aumentar sua base de conhecimento? Sua "cela" está pronta? Você já estabeleceu um horário no qual poderá começar a trabalhar regularmente[5]?

Ler

Não prescreverei formalmente a "leitura", já que muitas recomendações foram feitas dentro do capítulo. Observarei, apenas, que Tomás aborda a virtude da *solertia*, ou astúcia, em sua *Suma teológica*[6]. Enquanto a docilidade, como vimos no capítulo 1, é a virtude pela qual nos dispomos a aprender com os outros, a astúcia é a capacidade de pensar rapidamente *com nossa própria cabeça* — com a urgência própria à necessidade das decisões rápidas da vida. Quanto mais conhecimento adquirirmos e internalizarmos por meio do estudo, mais recursos mentais teremos disponíveis na hora de tomar decisões rápidas e precisas quando não houver tempo para buscar conselhos alheios.

Também indicarei aqui a importância de reler livros valiosos, principalmente as Escrituras. A repetição não é apenas a mãe da memória, mas às vezes lições que aparentemente passaram despercebidas voltarão à nossa massa cinzenta anos depois, quando nossas experiências tiverem aberto nossas mentes e corações para compreender melhor as verdades dessas lições e aplicá-las de maneira ágil e prudente em nossas circunstâncias. Nas palavras do *Rei Lear*, de Shakespeare: "A maturidade é tudo".

---

5 Os hábitos de estudo de Tomás incluíam a oração; a celebração da Missa; a participação em outra Missa; o ensino; e a leitura e escrita teológica e filosófica praticamente todo dia, durante o dia inteiro, bem como à noite. Como é — ou será — a sua rotina diária?
6 *Suma teológica*, II-II, q. 49, art. 4.

Recordar

Você internalizou a essência dos nove primeiros preceitos? Se não, faça mais uma caminhada mental pelos primeiros nove lugares do nosso saguão da memória.

CAPÍTULO 10

Conhecendo suas capacidades mentais... e seus limites

Não procures o que é elevado demais para a tua capacidade.

O que seria elevado demais para você neste momento?

Quando deste conselho, Tomás cita o Eclesiástico. Seria um erro interpretá-lo como um conselho para não buscar a compreensão das coisas mais elevadas e importantes de Deus. Com efeito, fazendo assim, estaríamos negligenciando o "para você". Devemos buscar as verdades mais elevadas que somos capazes de compreender. Isso varia de pessoa para pessoa e, o que é mais importante, de acordo com a nossa própria capacidade de compreensão ao longo do tempo. Com essa afirmação, Tomás se prepara para concluir sua breve carta, reforçando o conselho inicial de buscar o vasto oceano por meio de pequenos rios navegáveis. Um versículo paralelo do Eclesiástico é: "Não ponha sobre os ombros uma pesada carga" (Eclo 13, 2), e todo levantador de peso sabe bem que, com o tempo e um treinamento disciplinado, o peso que hoje está além de suas forças pode se tornar, no futuro, uma brincadeira de criança. Devemos buscar as verdades mais elevadas, mas não com tanta pressa a ponto de não trabalharmos em nosso interior a capacidade mental para assimilá-las e conservá-las. Com espírito de docilidade, também atenderemos à orientação de nossos treinadores, para que, quando aqueles que já atingiram as alturas se abaixarem para nos oferecer uma mão, não deixemos de segurá-la com gratidão. Também devemos ter em mente que algumas das verdades mais gloriosas são mistérios que ultrapassam os limites da compreensão humana.

"Não levante peso algum além de suas forças"... por ora

Retomando o sábio conselho do Eclesiástico de não exagerarmos a nossa força intelectual, espiritual ou física, seria sensato ter em mente que, dentro de seus limites, todas as nossas capacidades podem ser aperfeiçoadas. Lembrem-se das máximas de Tomás segundo as quais a arte aperfeiçoa a natureza e a graça aperfeiçoa ambas. Além disso, como somos unidades de corpo e alma, podemos aperfeiçoar as nossas capacidades mentais melhorando a nossa saúde física, pois, como bem sabiam os antigos gregos e romanos, uma mente saudável progride melhor dentro de um corpo saudável.

Tomás escreveu que "a virtude, na medida em que se trata de uma disposição adequada da alma, é como a saúde e a beleza, que são disposições próprias do corpo"[1]. Ademais, comentando Aristóteles, observou: "A uma boa disposição do corpo corresponde a nobreza da alma".

Assim, para pensar de forma mais eficaz, devemos cuidar da saúde de nossos corpos. O padre Sertillanges, cuja grande obra *A vida intelectual* também é acerca da carta de São

---

1 *Suma teológica*, I-II, q. 55, art. 2.

Tomás sobre o estudo, foi muito explícito ao recomendar exercícios a qualquer pessoa que procurasse aperfeiçoar o intelecto. Disse que devemos nos esforçar por estar bem fisicamente e recomendou a caminhada, à moda dos antigos gregos. São Tomás honrou um desses gregos com o título de "o Filósofo"[2], e sua escola passou a ser conhecida como os peripatéticos — aqueles que caminham —, por causa das passarelas de sua escola, o Liceu, onde os alunos circulavam. Algumas histórias contam que o próprio Aristóteles dava palestras enquanto caminhava! Além disso, os dominicanos da época de Tomás costumavam atravessar a Europa a pé, e o próprio Tomás era conhecido por caminhar imerso em pensamentos.

De todo modo, o padre Sertillanges recomendava caminhadas diárias, combinadas com alongamentos e movimentações ao ar livre quando possível. Além disso, para aqueles que não pudessem sair, sugeria alguns "excelentes métodos substitutivos", chamando o de J. P. Muller "um dos mais inteligentes". Jorgen Peter Muller (1866-1938) foi um instrutor de ginástica que defendia sessões diárias breves (quinze minutos) de exercícios com peso corporal e movimentos de alongamento. Foi um precursor dos métodos breves, mas vigorosos, dos Treinamentos de Alta Intensidade, os quais pratico e recomendo.

Essas importantes conexões entre mente e corpo eram bem conhecidas dos gregos no século IV a.C.; de São Tomás, no século XIII; e do padre Sertillanges, no século XIX. Mas foi principalmente perto do fim do século XX e no início do século XXI que os dados científicos que mostram como e por que o exercício potencializa nossa capacidade de pensar aumentaram constantemente. Ouvi falar de certa pesquisa

---

2 Tomás não estava sozinho nisso. Santo Alberto Magno e São Boaventura estão entre os outros que deram este título a Aristóteles.

numa conversa com o professor de administração do Thomas Aquinas College, em Nashville, quando ele me chamou a atenção para o trabalho do psiquiatra John J. Ratey.

Ligando seu cérebro à ignição

O dr. Ratey, autor de *Corpo ativo, mente desperta: a nova ciência do exercício físico e do cérebro*[3], corajosamente declarou: "O exercício é a ferramenta mais poderosa para otimizar sua função cerebral". Ele fundamenta sua afirmação em um corpo vasto e crescente de estudos e pesquisas experimentais realizadas nas últimas décadas com animais e seres humanos, os quais conectam várias formas de exercícios aeróbicos e treinamentos de força a níveis aprimorados de uma enorme variedade de neurotransmissores — como dopamina, ácido gama-aminobutírico (GABA), glutamato, norepinefrina e serotonina —, proteínas e hormônios, como fator neurotrófico derivado do cérebro, fator de crescimento de fibroblastos, hormônio de crescimento humano[4], fator de crescimento semelhante à insulina 1 e fator de crescimento endotelial vascular, os quais ajudam a formar e aumentar as conexões sinápticas entre as células cerebrais e promovem o crescimento e a regeneração das próprias células do cérebro. Alguns estudos mostraram certo crescimento mensurável em estruturas cerebrais específicas como resposta ao

---

3 John J. Ratey e Eric Hagerman, *Corpo ativo, mente desperta: a nova ciência do exercício físico e do cérebro*. São Paulo: Objetiva, 2012.

4 Descobriu-se que a produção do hormônio do crescimento humano é mais estimulada por exercícios intensos que usam os músculos mais extensos do corpo, de modo que *sprints* curtos e fortes o estimulam mais do que caminhar ou correr. Para minha agradável surpresa, o dr. Ratey observa que o maior retorno em relação a esse hormônio foi encontrado sob o estímulo de agachamentos intensos com barra (flexões pesadas de joelho) que envolvem vários dos maiores e mais fortes músculos do corpo em conjunto. Há décadas os treinadores de força sabem que exercícios como agachamentos estimulam melhor o crescimento e o tamanho muscular geral, mas ignoravam os mecanismos químicos por trás disso.

Conhecendo suas capacidades mentais... e seus limites

exercício — por exemplo, o crescimento no hipocampo em esquizofrênicos que andavam de bicicleta ergométrica e o crescimento no volume cerebral dos lobos frontal e temporal em idosos de 60 a 79 anos que caminharam em esteira três vezes por semana durante seis meses.

Além de mudanças positivas nas *substâncias químicas* e *estruturas do corpo*, diversos estudos também descobriram que o exercício regular promove alterações significativas no âmbito *funcionamento cognitivo real*. Pontuações melhores foram obtidas em testes padronizados por estudantes do ensino médio que haviam se submetido a exercícios aeróbicos progressivos e regulados durante as aulas de educação física; do mesmo modo, entre adultos que haviam se submetido a uma sessão de exercícios imediatamente antes do teste, verificou-se 20% de melhora em seu aprendizado vocabular.

Embora, em razão do aumento da demanda de fluxo sanguíneo para os músculos em atividade, seja difícil pensar com clareza e aprender novas informações durante a execução de exercícios vigorosos, as alterações hormonais e químicas estimuladas pelo movimento produzem, a curto e longo prazo, benefícios na capacidade de raciocínio. Mudanças positivas se desencadeiam nos sistemas neurológico e cardiovascular que alimentam os nutrientes de que o cérebro necessita. Além disso, formas mais leves de exercício, como caminhar lentamente, muitas vezes aprimoram nossas capacidades de raciocínio, mesmo durante sua prática.

Tomás enfatizou algo que talvez todos nós já tenhamos experimentado: a turvação do pensamento pelas paixões descontroladas, como a luxúria ou a ira. É por isso que, embora a prudência guie virtudes morais como a temperança e a paciência, também depende delas para controlar os tipos de paixão que prejudicam nossa capacidade de raciocínio prático. O exercício pode funcionar de maneira semelhante na regulação de algumas emoções que prejudicam a nossa capacidade de pensar de forma eficaz. Ratey redigiu capítulos inteiros a respeito dos efeitos benéficos do exercício sobre problemas como ansiedade, depressão, transtornos de déficit de atenção e vícios — tudo em razão da enxurrada de mudanças químicas positivas que o exercício pode estimular no cérebro e em outras partes do corpo, o que acaba por impactar a mente.

Além de minha especialização em Alzheimer, outra área de particular interesse para mim foi o possível impacto do exercício físico sobre a demência e seu avanço. Mesmo na época do meu doutorado, nos anos 1990, embora não houvesse um método garantido para evitar a demência, usava-se sempre como regra a expressão "use-a ou perca-a": aqueles que permaneciam mais ativos, tanto física quanto mentalmente, eram menos propensos a sofrerem na velhice.

Minha própria formação e pesquisa sobre envelhecimento e cognição só se concluíram com a ajuda de certas irmãs dominicanas, franciscanas e ursulinas que, já idosas, se voluntariaram para serem observadas na Southern Illinois University School of Medicine. (Por pouco perdi a chance de aplicar o teste em minha professora da quarta série, que certa vez me dera nota baixa por mau comportamento, mas essa é outra história.) Muitas das irmãs tinham permanecido bastante ativas até a nona década de vida. (A primeira pessoa a conseguir repetir uma lista de quinze palavras na ordem exata foi uma professora ursulina aposentada de quase oitenta anos!)

O dr. Ratey conta a interessante história da irmã Bernadette, das Irmãs Escolares de Notre Dame. Até morrer de infarto, nos anos 1990, ela se conservara nas primeiras colocações de sua faixa etária em testes de capacidades cognitivas como memória, linguagem e habilidades visuais-espaciais.

Doou o seu cérebro à ciência e, surpreendentemente, após a morte, o seu hipocampo mostrou-se cheio de placas e emaranhados característicos dos danos provocados pelo mal de Alzheimer, não obstante suas capacidades cognitivas tivessem permanecido intactas! Os pesquisadores especularam que, por ter permanecido tão ativa mentalmente, ela tinha desenvolvido uma grande capacidade de reserva cognitiva em resposta aos danos da doença. O tecido cerebral saudável provavelmente foi convocado para ajudar a manter a função cognitiva por diferentes vias, o que me parece bastante semelhante ao fenômeno da "circulação colateral" que protege o coração, no qual os vasos sanguíneos menores se alargam para melhorar a circulação a fim de compensar danos nos grandes vasos.

Qual é, então, a principal questão para aqueles que gostariam de desenvolver a saúde de seus corpos e cérebros a fim de ampliar sua capacidade de pensar como Tomás de Aquino? O dr. Ratey recomenda que pessoas saudáveis se exercitem regularmente e que qualquer pessoa com mais de sessenta anos se exercite todos os dias. Ele sugere duas sessões de treinamento de força e quatro sessões aeróbicas de leves a moderadas (caminhada, corrida, ciclismo, exercícios cardiorrespiratórios etc.) todas as semanas.

O exercício pode ser um poderoso remédio, mesmo em pequenas doses. Um programa mínimo mas eficaz pode envolver apenas um breve treino de força (de vinte a trinta minutos, com pesos livres, aparelhos ou exercícios de peso corporal) e três breves exercícios aeróbicos (de vinte a trinta minutos de caminhada, corrida, natação, e assim por diante), ou ainda sessões reforçadas de trabalho doméstico ou no jardim, capinando um terreno etc.

Pratique a humildade intelectual, mas não a pusilanimidade!

Ao encorajar o irmão João (e todos nós) a não buscar coisas além de nossa capacidade, Tomás destaca a humildade intelectual. A palavra "humildade" vem do latim *humus*, que significa "chão, terra ou solo". Quando somos humildes, lembramos que somos de fato cinza e pó. Quem de nós deu a si mesmo a própria existência? Cristo assim se expressou a Santa Catarina de Sena em um êxtase místico: "Sabes, filha, quem és e quem sou? Se souberes essas duas coisas, serás abençoada. Tu és aquela que não é, ao passo que eu sou Aquele que Sou".

Na prática da humildade intelectual, lembremo-nos sempre dos limites da nossa capacidade humana de compreensão. Todo o nosso conhecimento humano com as coisas desta terra e com o que os nossos sentidos revelam sobre elas. Deus agraciou-nos com potências intelectuais, mas grandes mistérios da fé, como a Santíssima Trindade, excederão sempre a nossa capacidade de apreendê-los plenamente. No entanto, nunca devemos confundir a sublime virtude da humildade com o vício humilde da pusilanimidade.

Pusilanimidade deriva da palavra latina *pusillus*, que significa "muito pouco, mesquinho ou medíocre". Nas palavras de São Tomás de Aquino:

> O pusilânime fica aquém da capacidade de sua potência [...]. Por isso o Senhor puniu o servo que enterrou no chão o dinheiro recebido do seu amo sem o ter aplicado, por temor de pusilanimidade[5].

---

5 *Suma teológica*, II-II, q. 133, art. 1.

A segunda metade da palavra — "animidade" — refere-se a *anima*, "alma". Ser pusilânime, então, é ter "alma pequena", e não é isso o que Deus quer de nós.

Deus nos chama à humildade ao lembrar nossas origens modestas e a limitação de nossas habilidades, mas não nos chama ao vício da pusilanimidade. Em vez disso, convida-nos a gerar e a compartilhar a virtude diametralmente oposta: a *magnanimidade*, a verdadeira grandeza da alma. Enquanto a humildade reconhece corretamente os limites de nossa humanidade inata, a magnanimidade nos lembra de que podemos fazer todas as coisas "através de Cristo, que nos fortalece" (cf. Fl 4, 13).

São Tomás dispersa magistralmente o hipotético paradoxo de um conflito entre a magnanimidade e a humildade, chamando a nossa atenção tanto para os elementos divinos quanto para os elementos naturais da nossa humanidade. São-nos dados dons divinos grandes e poderosos, como as potências intelectuais das quais esse livro trata; mas também temos uma natureza humana pecaminosa e decaída. A magnanimidade reflete a nossa consideração por essa centelha divina dentro de nós, o reconhecimento de que somos enormemente abençoados por Deus e de que devemos usar as nossas potencialidades para as obras grandiosas do bem, de acordo com nossas capacidades.

A magnanimidade reflete esse esforço pela perfeição. A humildade reflete o reconhecimento do lado mais fraco e pecaminoso da nossa natureza. Reconhece que, embora tenhamos de nos esforçar sempre por fazer grandes coisas e nos tornarmos perfeitos, nunca atingiremos esse estado nesta vida. Além disso, quando expressamos a virtude da humildade, reconhecemos a *grandeza de alma* que Deus também concedeu ao *nosso próximo*. A pessoa verdadeiramente magnânima, portanto, esforça-se para que as coisas grandes e honrosas se realizem e deseja o mesmo para o outro. Busca atingir as verdades que estão ao seu alcance, reconhece os próprios limites neste sentido, tenta ampliá-los com a graça de Deus e ajudar o seu próximo a atingir as coisas mais sublimes.

Prescrições do doutor

Receita para conhecer seus limites (e ampliá-los).

Refletir

Você conseguiria tirar alguns minutos do seu dia para pensar em como certos hábitos — a dieta, o exercício, o descanso, a oração ou o estudo — podem favorecer a capacidade de pensamento que Deus lhe deu? Depois de chegar a essas conclusões, não poderia esforçar-se, com prudência, para eliminar as más disposições e tendências, substituindo-as por tendências virtuosas? Já pensou sobre como crescer tanto na humildade que nos fundamenta quanto na magnanimidade que nos eleva?

Ler

Na *Suma*, Tomás escreve sobre a humildade no contexto de sua relação com a virtude da temperança[6] e escreve sobre magnanimidade e a pusilanimidade no contexto de sua relação com a virtude da fortaleza[7]. Para mais informações a respeito de pesquisas científicas que tratem dos efeitos positivos dos exercícios físicos sobre as capacidades de pensamento,

---

6 *Suma teológica*, II-II, q. 161.
7 *Ibidem*, II-II, qq. 129 e 133.

veja *Corpo ativo, mente desperta: a nova ciência do exercício físico e do cérebro*, do dr. John Ratey; e *Take Charge: Fitness at the Edge of Science*, do octogenário Clarence Bass, especialista em *fitness*. O livro que melhor explica os benefícios do treinamento de força e as maneiras mais rápidas e seguras de obtê-los é *Body by Science*, do médico socorrista Doug McGuff. As recomendações do padre Sertillanges sobre os benefícios dos exercícios para o intelectual podem ser encontradas na seção 4 do capítulo 2 de *A vida intelectual*, sobre "As virtudes de um intelectual católico".

Recordar

Você já internalizou a essência de todos os dez preceitos? Se não, dê outra caminhada mental pelos primeiros nove lugares de nosso *foyer* mnemônico. Estão eles armazenados em segurança no seu baú da memória? Na segunda parte você conhecerá como a palma da sua mão o resto desta casa e seu intrigante conteúdo — tudo isso projetado para ajudá-lo a pensar mais como Tomás de Aquino.

CONCLUSÃO DA PARTE 1

> *Segue as pegadas do bem-aventurado Domingos, que gerou coisas úteis e folhas, flores e frutos maravilhosos na vinha do Senhor dos Exércitos enquanto teve vida. Se seguires estes passos, serás capaz de alcançar o que bem desejares. Adeus!*

Seguindo os passos do fundador na vinha do Senhor

Tomás termina a carta aconselhando o irmão João a seguir os passos de São Domingos de Gusmão (1170-1221), fundador da Ordem dos Pregadores. Embora esta seja a única referência direta a Domingos nos escritos conhecidos de Tomás, o impacto dele no pensamento e na vida do Doutor Angélico foi imenso. Domingos fundou sua ordem para levar a verdade do Evangelho de Cristo aos cátaros no sul da França que haviam sido enganados pela heresia albigense, uma variação das antigas ideias maniqueístas que via o mundo material (incluindo o corpo) como um mal e apenas o reino do espírito como algo bom. Domingos conhecia bem a posição da Igreja que considerava boa toda a criação de Deus. Sabia que, para converter os cátaros e, mais tarde, o mundo inteiro à verdade, seus pregadores deviam *conhecer* a verdade, e por isso *Veritas* [Verdade] se tornou um dos primeiros lemas de sua ordem religiosa. O próprio estudo tornou-se uma marca registrada e um dos "quatro pilares" da ordem dominicana[1].

---

1 Como observamos anteriormente, os outros pilares são: *pregação, oração* e *comunidade*.

Ademais, em harmonia com o conselho de Tomás ao irmão João sobre o estudo como "modo de vida", Domingos estava certo de que pecadores e hereges seriam convertidos não apenas por verdades abstratas, mas pelo exemplo daqueles que pregavam. Sabia que, ali onde os bispos e abades ricos e poderosos, com todas as suas belas vestes, seus cavalos e suas comitivas, não haviam conseguido alcançar os hereges que se julgavam fiéis ao humilde exemplo de Cristo, seus frades e irmãos que tinham abraçado a pobreza, a castidade e a obediência poderiam ajudar a conquistar seus corações e suas mentes. Ser dominicano era seguir e proclamar Cristo, "caminho, verdade e vida".

Cristo nos disse ser a videira; também afirmou que nós somos os ramos e que devemos gerar frutos que permanecem. Domingos foi um ramo que seguiu a Cristo tão de perto que suas folhas, flores e frutos ainda hoje perduram e alimentam nosso mundo. Tomás anuncia ao irmão João (e também a nós) a boa-nova de que, se seguirmos o exemplo de Domingos como ele seguira o de Cristo, prestando atenção a todos os preceitos deste pequeno guia de estudo, lograremos *quidquid affectus* — o que quisermos! Isto é possível quando o nosso estudo se fundamenta na oração e se alicerça em Cristo, que nos disse que "a Deus tudo é possível" (Mt 19, 26).

Libertando todos os seus poderes intelectuais

Ao chegarmos ao fim da Parte 1, encontro uma última oportunidade de deixar algumas lições de casa. Apertem os cintos e sigamos!

Conclusão da Parte 1

Antes de mais nada, espero que você tenha percebido, por meio da sabedoria de São Tomás de Aquino, o quanto suas capacidades de pensar, estudar e tomar decisões prudentes são qualidades verdadeiramente maravilhosas do intelecto. Deus conferiu a cada pessoa um intelecto potencialmente vigoroso, e depende de nós abrir as comportas de seu poder multiforme ou ficar parados. Deus não se agrada da falta de atitude dos mornos (cf. Ap 3, 16), daqueles que enterram seus talentos debaixo da terra (cf. Mt 25, 24-30) ou dos que escondem a sua lâmpada sob um alqueire (cf. Mt 5, 15)[2]. De fato, Ele nos chama à perfeição (cf. Mt 5, 48), a fim de que aproveitemos ao máximo todos os dons que nos deu, mostrando nossa gratidão e compartilhando os frutos de nossos talentos uns com os outros.

Virtudes como a docilidade, a estudiosidade, a prudência e a magnanimidade são os remos que nos impulsionam em direção às correntes cada vez mais amplas do conhecimento. Os dons do Espírito Santo, como a ciência, o entendimento e a sabedoria, são os ventos poderosos que sopram sobre de nós. Basta-nos abrir as velas!

Tomás nos iluminou com uma compreensão das capacidades intelectuais que talvez ainda não tivéssemos percebido, encheu-nos de esperança e inflamou nossos corações com o zelo necessário para praticar e aperfeiçoar a inteligência, bem como para melhorar nossas vidas e as vidas de nossos próximos, à medida que crescemos, nós e eles, em felicidade e em santidade.

---

2   Que São Tomás encarne o polo oposto daqueles que escondem a luz debaixo do alqueire pode ser vislumbrado por meio de um dos símbolos que a Igreja lhe outorgou, no qual o representa com um sol ardente no peito, demonstrando a maneira como ele nos ilumina até hoje.

De meias-verdades às verdades plenas

Tomás escreveu longamente sobre a justiça e sempre se esforçou em nome do mesmo bem que buscam os nossos tribunais: "A verdade, toda a verdade, nada além da verdade". Espero que esta seja mais uma mensagem inesquecível destas páginas. O mundo, de modo geral, não pensa como Tomás de Aquino e ameaça nos sufocar com meias-verdades mal digeridas. Nossa cultura muitas vezes nos pede para escolher entre fé ou razão, ciência ou religião, princípios arraigados ou tolerância, tradição ou progresso, prazer ou virtude... Tomás responde que somos chamados a buscar a *ambos* em justa medida, usando nossa capacidade de raciocínio para olhar as questões mais importantes segundo todos ângulos, descobrindo assim pequenas verdades onde quer que as encontremos. Assim haveremos de encontrar a *plenitude da verdade,* de acordo com nossas capacidades para fazê-lo.

São Tomás, pois, pode nos ajudar a transcender uma falsa dicotomia que, em nossos dias, reveste-se de singular importância: a que diz que devemos guiar nossas vidas pelo *raciocínio* frio da mente *ou* pelo fogo abrasador da *emoção.* Tomás escolheu tanto a cabeça quanto o coração, tanto a sabedoria reconfortante quanto a caridade amorosa e ardente. Reginaldo de Piperno, confessor de Tomás e seu amigo mais próximo nos últimos anos de vida, observou que "muitas vezes, durante a Missa, ele caía em prantos. Às vezes, a congregação testemunhava isso". Aqueles que alcançarão a meta de pensar ao modo de Tomás de Aquino também se esforçarão para amar como ele, buscando conhecer melhor a Deus e dedicar-lhe um amor mais profundo.

Ninguém no mundo foi maior que São Tomás na arte de sintetizar e integrar verdades. Ele deve nos inspirar a fazer o mesmo, dentro dos limites de nossas forças, como bem nos lembra em seu último preceito.

Por ele, com ele e nele

Em 1256, início de sua carreira acadêmica, o jovem Tomás proferiu sua primeira palestra na Universidade de Paris, discorrendo sobre este versículo das Escrituras: "De suas altas moradas derramas a chuva nas montanhas; do fruto de suas obras se farta a terra" (Sl 103, 13). A água chega às montanhas do alto dos céus, formando rios que descem para a terra, dando-lhe vida e tornando-a fértil. "Da mesma forma as mentes dos professores, simbolizadas pelas montanhas, são regadas pelas coisas do alto na sabedoria de Deus, e por seu magistério a luz da sabedoria divina flui para as mentes dos alunos"[1].

Essas mentes simbolizadas pelas montanhas das quais fala Tomás são os mestres nas Sagradas Escrituras, os quais precisam levar uma vida "elevada" para, como os profetas e apóstolos antes deles, encontrarem-se aptos a transmitir aos outros as águas fecundas da sabedoria divina. Aquele jovem professor teve tão ardente veneração por essas montanhas de sabedoria que chegou a estar entre os mais altos de todos os cumes. Até hoje fluem dele rios divinos de sabedoria que nutrem corações e mentes.

Não se tinham passado nem duas décadas desde sua conferência quando Tomás produziu um verdadeiro Everest de sabedoria — as milhões de palavras que constituem seus múltiplos comentários e *Sumas*. Que ele inspire cada um de nós, seja quais forem as nossas capacidades ou vocações, a

---

1 Citado em Simon Tugwell (org.), *Albert and Thomas: Selected Writings*. Nova York: Paulist Press, 1988, p. 355.

nos esforçarmos por colocar todo o nosso pensamento a serviço de Jesus Cristo.

Perto do fim de sua vida, ao ajoelhar-se diante de um crucifixo, o Doutor Angélico teve uma visão de Cristo. Ouviu do Crucificado que havia escrito muito bem sobre Ele. Então, Cristo perguntou a Tomás que recompensa desejava. A resposta foi: *Non nisi Te* ["Nada além de Ti"].

Que todos nós possamos, um dia, pensar assim.

PARTE 2

PERSCRUTANDO AS PROFUNDEZAS DA SABEDORIA

Prólogo à Parte 2

Finalmente, também estava reservado a este homem incomparável arrancar homenagens, louvor e admiração até mesmo dos inimigos do catolicismo.

— Papa Leão XIII sobre São Tomás de Aquino,
na *Aeterni Patris*

O catolicismo já foi a mais filosófica de todas as religiões. Sua longa e ilustre história foi iluminada por um gigante: Tomás de Aquino. Ele trouxe a visão aristotélica da razão (uma epistemologia aristotélica) de volta à cultura europeia e iluminou o caminho para o Renascimento. Durante o breve período do século XIX, quando sua influência foi dominante entre os filósofos católicos, a grandeza de seu pensamento quase elevou a Igreja para perto do reino da razão.

— Ayn Rand (a autoproclamada "maior inimiga da religião"), em "Réquiem para o homem"

A sabedoria prática da razão que busca a Deus

A prudência nos faz escolher os meios certos para atingir os fins certos, e nisso São Tomás foi imensamente prudente, pois os meios que utilizava para alcançar os fins da felicidade terrena passageira e — o que é muito mais importante — da bem-aventurança eterna foram tanto a razão quanto a fé. Nem todos os que professam a fé em Cristo respeitam devidamente as capacidades racionais que Deus nos deu, mas São Tomás o fez como poucos antes ou depois dele. É por causa desse grande respeito pelas verdades que derivam da razão humana que alguns dos inimigos da Igreja Católica ainda reconhecem as grandes contribuições de Tomás de Aquino para o conhecimento humano. A citação que fizemos da filósofa ateia Ayn Rand foi escrita décadas depois das palavras do Papa Leão XIII que também reproduzimos. E a época do século XIX sobre a qual ela escreveu foi a época em que Leão XIII esforçou-se para "espalhar a preciosa sabedoria de São Tomás de Aquino".

Rand, ao contrário de Tomás, não reconhecia a compatibilidade fundamental entre fé e razão; por isso sua nada simpática conclusão de que a Igreja "quase" teria sido elevada para "perto do reino da razão". Não obstante, a razão pode fornecer o ponto de partida comum para o debate entre os cristãos e aqueles ateus ou agnósticos que não reconhecem a autoridade das Escrituras e da Igreja. O próprio Papa Leão XIII escreveria que os escritos dos Padres da Igreja e dos filósofos e teólogos escolásticos (sendo Tomás o mais importante deles) seriam os meios mais prováveis para atrair à fé católica as pessoas que davam crédito apenas à razão (foi exatamente o que aconteceu comigo!).

Há algumas décadas, deparei-me com uma homenagem bastante incomum e surpreendente à capacidade da razão de atrair pessoas à fé e ao poderoso exemplo de São Tomás de Aquino. Ontem a reli, mais especificamente numa coletânea dos 26 melhores contos de ficção científica de todos os tempos (até 1979) segundo os próprios escritores de ficção científica. Trata-se de "A busca por Santo Aquin", escrito por Anthony Boucher em 1951.

Resumindo, num mundo futurista posterior a um holocausto nuclear, o governo é dirigido por tecnocratas e o cristianismo passa a ser considerado ilegal. Os fiéis, os padres e até o próprio papa tinham de esconder sua identidade, assim como os primeiros cristãos em Roma, que se reuniam secretamente nas casas e catacumbas e comunicavam sua fé comum por meio de símbolos sutis. O papa ouviu falar de um prodigioso santo chamado Aquin que havia convertido muitas pessoas à Igreja pelo poder incomparável de sua lógica. Há rumores de que seu corpo estaria incorrupto em uma gruta localizada numa montanha não muito distante. O papa pede então que um padre chamado Tomás o investigue, e ele logo é transportado para lá por um burro robótico inteligente e falante, dotado de pernas e rodas, já que as estradas estavam muito deterioradas.

No caminho há uma breve discussão teológica, e o burro robótico declara ao padre Tomás que gozava de uma mente lógica perfeitamente programada e que não poderia cometer o erro de acreditar em Deus.

Ao encontrarem o corpo incorrupto de Aquin, o burro robótico arranca a pele de uma de suas mãos e revela ao padre Tomás que o "santo" era, na verdade, um robô. O burro o encoraja a informar ao papa que encontraram o santo incorrupto, uma vez que sua missão é atrair pessoas para a Igreja por meio de um milagre como esse. O padre Tomás, por sua vez, recusa-se a fazê-lo, declarando: "A fé não pode se basear em uma mentira" — e é aqui que os *insights* se tornam bastante interessantes:

> "Agora entendo o nome *Aquin*", continuou pensando consigo. "Conhecemos Tomás de Aquino, o Doutor Angélico, pensador perfeito da Igreja. Seus escritos se perderam, mas certamente em algum lugar ainda conseguiremos encontrar uma cópia. Podemos treinar nossos jovens a desenvolverem ainda mais seu raciocínio. Confiamos por muito tempo somente na fé, e esta não é uma era da fé. Devemos chamar a razão para nos servir. E Aquin mostrou-nos que a perfeita razão só pode nos levar a Deus"[1].

---

1 Anthony Boucher, "The Quest for Saint Aquin", em *Science Fiction Hall of Fame*. Nova York: Avon, 1971, p. 475.

Segundo a história, o robô Aquin fora realmente programado com capacidades perfeitas de raciocínio lógico. Sabia que havia sido construído pelo homem, mas, mediante o raciocínio, chegara à conclusão de que o homem, seu criador, não poderia ter feito a si mesmo e devia ter sido criado por Deus. Portanto, deduzindo que deveria comprometer-se com o homem, seu criador, e com o Criador de seu criador, o robô Aquin gastara toda a sua energia para converter as pessoas à fé em Deus e à Igreja Católica.

Quanto aos argumentos de São Tomás de Aquino que levam a confirmar a existência de Deus e seus atributos essenciais (unicidade, imutabilidade, onisciência, onipotência, eternidade), eles são especialmente poderosos porque começam com observações simples, acessíveis a qualquer pessoa, e apontam para a necessidade da existência de Deus, *ainda* que viéssemos a defender, com alguns filósofos, que o universo existiu desde sempre. Tomás sabia pela Revelação que Deus havia *criado* o universo, mas acreditava que a razão por si só não conseguiria chegar a esta compreensão. Aristóteles, por exemplo, cria que o universo havia sempre existido, mas também que a razão provava que Deus deveria existir para *sustentá-lo*.

Os argumentos que São Tomás utiliza nesse âmbito são, na terminologia lógica, *a posteriori*, baseados em fatos observáveis, em vez de serem *a priori*, isto é, originados em suposições teóricas[2]. Na *Suma teológica*, ele apresentaria cinco argumentos baseados em coisas que se fazem evidentes aos nossos sentidos quando olhamos para o mundo. Observando que (1) as coisas se movem ou mudam, tendo

---

2   Essa abordagem *a posteriori* (pensando a partir dos fatos do mundo até à existência de Deus) é encontrada nas Escrituras. Veja, por exemplo, Romanos 1, 20: "Desde a criação do mundo, as perfeições invisíveis de Deus, o seu sempiterno poder e divindade, se tornam visíveis à inteligência, por suas obras".

potenciais ainda não realizados; que (2) existem efeitos e causas; que (3) as coisas existem por um tempo e depois perecem; que (4) existem vários graus de bondade ou perfeição nas coisas; e que (5) há um comportamento ordenado ou intencional na natureza, ele demonstra que deve existir (1) um motor primeiro ou imóvel, completamente atualizado e imutável; (2) uma causa primeira ou não causada; (3) um ser necessário que não pode não existir; (4) uma perfeição do ser da qual fluem graus menores de bondade; e (5) uma causa primeira e final que provê a ordem e governo de todo o universo.

Tendo em mente que ele admite a hipótese de que o universo sempre existiu, você verá que seus argumentos não dependem (como muitos críticos modernos supõem) meramente do tempo e não exigem regressão cronológica. As grandes cadeias de causa, perfeição, ordem e propósito demandam um primeiro motor, uma causa eficiente primeira, um ser necessário, uma causa formal última e uma causa final para sua existência não apenas em algum momento do passado, mas *neste exato momento e em todo momento*. "Vivemos, nos movemos e existimos" (At 17, 28) *agora mesm*o pela graça, pelo amor e pelo poder de um Deus eterno.

A razão funciona em seu nível mais elevado quando nos conduz ao Deus que nos criou e nos sustenta, mas também tem muitas funções adicionais úteis ao serviço de Deus naqueles atos práticos de nossa vida cotidiana que constituem a matéria da virtude da prudência. Antes de examinarmos, no capítulo 11, exemplos de como a razão pode se desencaminhar por meio de falácias lógicas, arrisquemos um passo preliminar examinando a própria lógica e a própria razão.

Para ser lógico e prático (mas não clínico, cínico, fanático e radical)

Se você tem a minha idade, vai se lembrar da música *The Logical Song*, da banda Supertramp, famosa nos anos 1970. Nela o cantor lamenta que lhe tivessem ensinado, na escola, a ser "lógico, prático, clínico e cínico", entre muitas outras coisas. Todavia, ele ainda permanece com uma questão na cabeça: "Por favor, diga-me quem eu sou". G. K. Chesterton certa vez escreveu que louco não é aquele que perdeu a razão, mas aquele que perdeu tudo, *menos* a razão. O louco perdeu a capacidade de maravilhar-se, perdeu sua humanidade, o sentido de sua vida. Vemos isso no *cientificismo* de nosso tempo, que postula que o método científico abarca as respostas para todas as questões humanas relevantes, embora nada tenham a dizer sobre o que faz a vida ter sentido. Assim, a razão e os instrumentos científicos que ela emprega são incapazes de responder por si sós aos nossos objetivos e fins últimos, mas podem ser extremamente úteis para investigar o tipo de verdade que está ao seu alcance. Vejamos algumas características fundamentais da lógica, um dos instrumentos mais essenciais da razão.

A lógica é a ciência do raciocínio, da estrutura, dos princípios e dos métodos de produção de argumentos válidos. Se nossas premissas iniciais forem verdadeiras, tornarão claras as verdades adicionais que delas derivam. Junto com outras disciplinas fundamentais, como a metafísica (o estudo do ser) e a ética (o estudo da virtude e da moral), a lógica é uma ferramenta indispensável da filosofia. Aristóteles foi seu mais profundo expositor e pioneiro, tornando-se conhecido como "Pai da Lógica" por alguns. São Tomás abraçou e utilizou os princípios lógicos do raciocínio de Aristóteles em toda a sua obra escrita. De fato, em relação às questões de fé que

Prólogo à Parte 2

podem confundir nossa razão quando não auxiliada pela graça, São Tomás escreveu um parágrafo exuberante:

> Pois, quando o homem tem a vontade pronta para crer, ama a verdade crida, medita sobre ela e a abraça, caso descubra razões que o levem a tal. E, neste sentido, não exclui a razão humana o mérito da fé; antes, é sinal de maior mérito[3].

Tomás também escreveu que os homens são as únicas criaturas que conhecemos que têm acesso às verdades por meio das etapas sequenciais do raciocínio lógico. Como vimos no capítulo 8, os animais, sem alma racional e intelectual, não conseguem entender e raciocinar como o homem. Os anjos, por sua vez, são espíritos sem corpos: seu pensamento não depende de informações que comecem com quaisquer sentidos corporais, nem evoluem em etapas até o intelecto, mas caracterizam-se pelo conhecimento instantâneo da intuição.

Embora seja um processo gradual, o raciocínio lógico se baseia em uns pouquíssimos princípios fundamentais e *autoevidentes* que podemos apreender por meio de nossas capacidades humanas, como *a lei* ou *princípio da não-contradição*, que sustenta que "uma coisa não pode ser e não ser ao mesmo tempo sob o mesmo aspecto". Em outras palavras, nada pode ser verdadeiro e falso ao mesmo tempo, nem ser o que é e o que não é. Isso é evidente porque simplesmente não podemos pensar de outra forma. Se alguém argumentasse: "Mas uma coisa pode ser verdadeira e falsa ao mesmo tempo!", estaria dizendo que *essa afirmação em si é verdadeira e não falsa*! A lei da não contradição é fundada e afirmada positivamente como a *lei* ou *princípio de identidade*: "A é A", uma coisa é o que é, e não também o que não é, no mesmo sentido e ao mesmo tempo. Outra lei é a do *terceiro excluído*, que afirma que, se uma proposição é verdadeira, sua negação deve ser

---

3 *Suma teológica*, I-II, q. 1, art. 10.

falsa. Não há meio-termo entre a verdade e a falsidade. Com fundamentos assim, podemos monitorar nossos processos de raciocínio lógico.

De fato, Tomás explica que Deus, sendo Ele mesmo a Verdade, bem como a origem e fonte de todas as verdades, não viola esses princípios. Deus não iria e não poderia, por exemplo, exercer seu poder para fazer com que algo que tivesse acontecido no passado não acontecesse, pois fazê-lo significaria que algo que realmente tivesse acontecido não acontecera, que o que fora verdade agora seria falso.

Adiante, para as profundezas

Você se lembrará de nossa introdução ao conselho de Tomás ao irmão João: ao buscar a verdade, é melhor entrar "pelos riachos, e não lançar-te de pronto ao mar; pois é conveniente que do mais fácil desemboques no mais difícil". Talvez você tenha notado que este livro está estruturado de acordo com o conselho de Tomás. Começamos com máximas e chavões simples e as desenvolvemos em capítulos curtos. Como observou o padre White em seu comentário à carta do Doutor Angélico: "Somente no último parágrafo de sua carta São Tomás trata de métodos de estudo em sentido estrito, com procedimentos puramente intelectuais"[4]. O parágrafo a que ele se refere começa com a máxima: "Não olhes quem diz, mas aquilo que disser de bom confia à vossa memória". E, sim, você está certo, esse foi o assunto do capítulo 7. Dali em diante, à medida que nos aprofundamos em coisas como a natureza e a perfeição das capacidades intelectuais, como a memória estratégica e a compreensão conceitual, nossos fluxos se ampliaram,

---

4 Aquinas e White, *How to Study*, p. 26.

nossos capítulos ficaram mais longos e tivemos de colocar a cabeça para funcionar (e não só para usar boné).

A parte segunda é para vocês, leitores fiéis, que chegaram até aqui e estão dispostos a avançar para mares intelectuais profundos, trabalhando ainda mais suas capacidades de memória enquanto usam o poder da razão para lidar com o mau uso da própria razão, com as deturpações da fé, com falácias lógicas, com ideologias tortas, com heresias e com aquelas meias-verdades que causam tantos estragos em nosso mundo. Convido-os a vir comigo enquanto tomo nosso navio do pensamento e do estudo rumo a águas profundas, por vezes turbulentas. Com São Tomás ao leme, certamente chegaremos às margens de um recém-descoberto conhecimento.

CAPÍTULO 11

A razão
que deu errado

Um guia para as falácias lógicas
que levam a razão ao erro

> *Novamente, se quisermos evitar os erros que são a fonte e a origem de todas as misérias de nosso tempo, o ensinamento de Tomás de Aquino deve ser seguido mais religiosamente do que nunca.*
>
> — Papa Pio XI, *Studiorem ducem*

> *Raciocinar é proceder de uma para outra intelecção, a fim de conhecer a verdade inteligível... Raciocinar está para o inteligir como o ser movido para o repousar, ou o adquirir para o possuir.*
>
> — São Tomás de Aquino, *Suma teológica*, I, q. 79, art. 8

É difícil raciocinar cuidadosamente sobre coisas que você não consegue recordar

Guardou todos, afinal? Muito bem! Caso contrário, consulte mais uma ou duas vezes o capítulo 7.

Temos muito mais a relembrar nas páginas a seguir, mas, como iremos memorizar conceitos expressos em apenas uma palavra ou frase breve, será mais fácil para você lembrar-se deles do que dos dez preceitos, sobretudo porque suas capacidades de memorização estão provavelmente aumentando por meio da prática desses exercícios guiados. Portanto,

Empodere seu pensamento com Tomás de Aquino

convido você agora mesmo a me seguir (ou, melhor ainda, a São Tomás de Aquino) para fora do saguão e para a nossa sala de estar mnemônica.

Antes, porém, um breve conselho. Nossas memórias funcionam melhor quando alimentadas com pedaços digeríveis e de tamanho razoável. Portanto, servirei esse banquete mnemônico e intelectual em pequenas porções de cinco itens por vez. Fique à vontade para digerir os cinco e, em seguida, levantar da mesa, relaxar um pouco, dar uma volta com o cachorro, cuidar de outros afazeres e voltar para outros cinco. Roma não foi construída em um dia! Por outro lado, se você é uma alma robusta, com apetite voraz, tempo e energia de sobra, convido-o a ver se consegue engolir, digerir e relembrar as vinte falácias contidas neste capítulo sem ter uma indigestão mental.

Falácias lógicas 1 a 5 (locais 11 a 15)[1]

Pronto! A primeira coisa estranha a chamar a atenção quando você entra nesta sala é que o próprio Tomás o cumprimenta *em latim*. A julgar pelo seu olhar, indicando que o latim mais parece *grego* para você, ele continua a falar num português moderno e perfeito. Em breve explicarei o porquê.

Por ora, vamos para o centro da sala (local 11), onde você encontra pessoas bastante... *argumentativas*. A primeira é a mais assustadora, pois em uma das mãos está empunhando o que você a princípio pensou ser um aspirador de pó a *vácuo*, mas logo percebeu ser um grande *porrete*. Em seguida, olhando através de uma grande janela panorâmica (12) que

---

1 Daremos continuidade à nossa sequência de números — agora, de 11 a 15 — neste passeio pela memória porque permanecemos dentro da casa da memória.

dá para o quintal, você nota um arqueólogo discutindo com um esqueleto aparentemente bem antigo, recém-descoberto debaixo da terra. "Este esqueleto", ele grita para você, "é um *Homo sapiens* primitivo". De volta à sala de estar, você vai até o sofá (13) e observa uma cena tão estranha quanto aquela, pois há um homem sentado que acabou uma discussão com uma rã do tamanho de um ser humano, também sentada ao seu lado. Ao que parece, ele já conseguiu o que queria, pois seus braços estão cruzados e ele se encontra de costas, *ignorando a rã*. Na frente do sofá há uma grande mesa de centro (14), sobre a qual senta-se um velho *miserável* fechando um saco de dinheiro com um *cordão*. Do outro lado da mesa de centro vê-se uma televisão (15), e quem ela mostrava senão dois dos *atores mais populares* do país discutindo entre si?

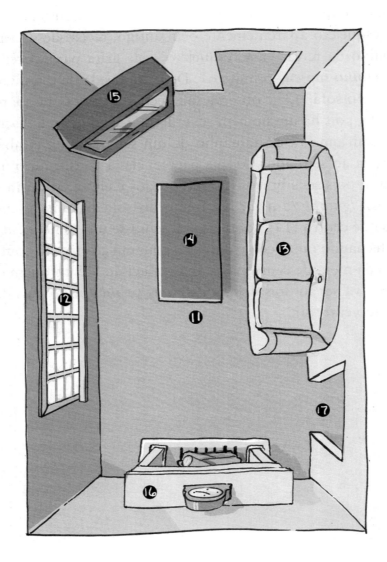

Sala de estar

Então, você guardou na memória aquele homem com um *porrete* parecido com um aspirador de pó a vácuo no centro da sala (11), o arqueólogo discutindo com um esqueleto de *Homo sapiens* visto pela janela panorâmica (12), o

A razão que deu errado

homem *ignorando uma rã* no sofá (13), o *avarento* com um saco de dinheiro amarrado com um *cordão* sobre a mesa de centro (14) e os atores *populares* discutindo na TV (15)? Imagino que sim; mas, se não tiver conseguido, tente mais uma ou duas vezes, e então lhe mostrarei o que mais você acabou de recordar.

É hora de revelar os conceitos abstratos que essas imagens esquisitas ajudam a trazer à mente. Imaginamos um homem com o que parecia ser um aspirador de pó a *vácuo* nas mãos, mas que na verdade era um *porrete,* para nos ajudar a lembrar a falácia lógica conhecida em latim como *argumentum ad baculum*, que significa "o argumento do porrete" ou "o apelo ao bastão": uma falsa forma de argumento que realmente consiste em uma ameaça. O arqueólogo e o esqueleto do *Homo sapiens* remeterão à falácia do *argumentum ad hominem* (argumento para o homem), no qual se ataca o argumentador, e não o argumento. O homem que *ignora* a *rã* representa, é claro, o *argumentum ad ignorantiam* (argumento da ignorância); o avarento (ou *miserável*) e seu *cordão* representam o *argumentum ad misericordium*; e os atores *populares* estão ali para nos lembrar do *argumentum ad populum* (argumento para o povo).

Essas simples imagens mnemônicas são baseadas em homônimos e trocadilhos que nos lembram o som dos *nomes* dessas falácias lógicas. Algumas, como o homem empunhando o bastão para o *argumentum ad baculum*, também dão pistas sobre o que significam. Descrições mais completas acerca de seus significados aparecerão em breve — daqui a uma página ou duas —, assim que memorizemos todos os seus nomes. Primeiro, vamos expor todas as falácias desta sala para que todos vejam — e lembrem-se:

155

Local	Imagem	Falácia
11. Centro da sala de estar	Homem com o aspirador a "vácuo" — porrete	*Argumentum ad baculum*
12. Janela panorâmica	Arqueólogo e *Homo sapiens*	*Argumentum ad hominem*
13. Sofá	Homem ignorando a rã	*Argumentum ad ignorantiam*
14. Mesa de centro	Miserável com cordão e saco de dinheiro	*Argumentum ad misericordium*
15. TV com tela grande	Atores populares debatendo	*Argumentum ad populum*

Ah, e antes que eu me esqueça, Tomás começou o passeio pela nossa sala falando latim, pois nossas primeiras sete falácias são apresentadas em suas formas latinas, o que revela há quanto tempo são conhecidas pelos lógicos. Além disso, muitas vezes elas ainda são chamadas por esses nomes.

Agora aprofundemo-nos um pouco, pois, para pensar como Tomás de Aquino, vale a pena aprender cada uma dessas falácias para identificá-las e nomeá-las sempre que os encontrar à espreita, tentando subverter a verdade.

11. *Argumentum ad baculum*. "Porrete", ou "bastão", é *baculum* em latim, e por isso essa falácia também é conhecida como "argumento do porrete" ou "recurso ao bastão". Trata-se da substituição de um argumento lógico válido por uma ameaça de força. Essencialmente, diz-se: "Concorde comigo... ou você está errado!" São Tomás tratou desse recurso na *Suma contra os gentios*, em que advertiu a respeito das crenças religiosas que se espalhavam não pela evidência persuasiva dos sinais sobrenaturais, mas pela for-

ça e violência armada[2]. Infelizmente, vemos que essa forma violenta e odiosa de "argumento" tem retornado ao espaço público pelas mãos de extremistas radicais islâmicos, e isso é algo bastante perigoso para o nosso mundo. De todo modo, nenhum povo, região, religião ou sistema de crenças tem o monopólio completo do *argumento ad baculum*. Podemos vê-lo, num outro exemplo, em alguns opositores seculares da liberdade de expressão nos Estados Unidos, onde alguns palestrantes convidados para *campi* universitários veem-se impedidos de expressar suas opiniões por multidões de pessoas intolerantes a opiniões contrárias — as quais por vezes carregam e usam não porretes figurativos, mas literais.

12. *Argumentum ad hominem*. São argumentos "contra o homem", e não contra o seu raciocínio, e se resumem ao uso de insultos em lugar de refutações lógicas. Talvez a versão mais comum do *ad hominem* seja o recurso retórico do "envenenar o poço". Aqui, algo negativo é dito sobre uma pessoa a fim de desacreditar quaisquer argumentos que ela possa elaborar, ignorando assim o seu raciocínio. Tento ilustrar essa tática com o que duas pessoas fizeram contra mim no *site* de uma livraria popular. Numa resenha minha sobre o livro de outro autor, certa pessoa que sabia que eu acreditava em Deus declarou que, por isso mesmo, eu não seria qualificado para opinar sobre temas científicos. Em outra ocasião, um sujeito me atacou por causa do livro que escrevi com argumentos contra o ateísmo... antes mesmo que o livro fosse lançado. Infelizmente, em nosso tempo, vemos esses tipos de ataque sendo cada vez mais usados no discurso político — onde se classificam, por exemplo, fiéis

---

2 *Suma contra os gentios*, livro I, cap. 6, art. 4.

religiosos ou seguidores de determinadas posições políticas como inimigos da ciência, sem qualquer análise específica de seus argumentos. Tais atitudes não têm lugar no repertório dos que pensam como Tomás de Aquino.

13. *Argumentum ad ignorantiam.* A pessoa que usa esse tipo de argumento falacioso recorre à nossa ignorância ou falta de conhecimento, alegando que, se não podemos provar que sua afirmação é falsa, ela deve ser verdadeira. O aforismo favorito do meu mentor em neuropsicologia é: "Ausência de evidência não é evidência de ausência". Só porque não temos evidências, não quer dizer que certos fenômenos ou condições não possam existir. Essa condição foi observada com frequência em pacientes cujos familiares suspeitavam ser portadores de algum tipo de demência: eles apresentavam um estado mental aparentemente normal diante do médico ou neurologista, mas, depois de exames minuciosos e testes neuropsicológicos, eram encontrados sinais dos estágios iniciais da demência. Essa falácia também pode acarretar o uso indevido do "ônus da prova". Se um ateu diz que Deus não existe, então o ônus da prova cabe a ele. Se um teísta proclama que Deus existe, então o ônus da prova é responsabilidade sua — como São Tomás de Aquino o fez tão bem, sem recorrer à ignorância alheia, mas usando das mais altas capacidades do intelecto humano.

14. *Argumentum ad misericordium.* O recurso à misericórdia ou à piedade deturpa a capacidade humana inata da empatia a fim de contornar o uso da razão. Se você disser ao seu professor que precisa de nota para manter uma bolsa de estudos ou talvez tentar a pós-graduação, esperando com isso mudar o resultado original (medido segundo seu esforço), certamente terá empregado essa falácia. (Fui pro-

fessor auxiliar e sei que essa falácia está viva e passa bem!) Normalmente ela também é usada em questões ainda mais sérias, e com graves repercussões. Por exemplo, um defensor do aborto pode atacar um opositor atribuindo-lhe falta de empatia pelo bem-estar da mãe, evitando justamente as questões que dizem respeito ao bem-estar e à vida do bebê, sem falar nos potenciais efeitos que podem se abater tanto sobre o físico quanto sobre a saúde mental e moral da mãe, entre outros.

15. *Argumentum ad populum.* O argumento "para o povo" é um "recurso às massas", também conhecido como "a falácia do movimento". Trata-se da afirmação de que tal ideia, produto ou prática são necessariamente positivos ou verdadeiros se a maioria ou um grande número de pessoas o adota. Acaba se caracterizando como um recurso ao desejo de pertencer a algo ou ser aceito pelos outros. Os adolescentes podem se mostrar especialmente vulneráveis a esses falsos argumentos. "Por que não fazer X, se todo mundo está fazendo?" É o tipo de falácia contra a qual minha mãe costumava advertir a mim e a meus irmãos: "Se todos os seus amigos pulassem de um penhasco, você pularia também?" Nesse sentido, abraçar essa falácia é abdicar do uso de nossa própria razão e aceitar o nível de sensibilidade de um papagaio ou de uma ovelha.

Falácias lógicas 6 a 10 (locais 16 a 20)

Vamos em frente em nossa sala de estar e conheçamos as próximas cinco falácias que nos esperam por lá. Do outro lado do cômodo, debaixo da chaminé, você vê uma lareira

(16) e de pé, dentro de uma panela, um homem debatendo com um peixe que começa a ser fervido. Pelos dentes pontiagudos, parece ser uma enorme *barracuda* — e, depois de observar aquela estranha equipe de debates da sala de estar, você decide sair dali. Chegando à porta (17), vê uma última cena esquisita e desconcertante: uma espécie de *ditador* gritando com um homem *simples*. Você cruza a soleira e chega à porta da sala de jantar (18), parcialmente ocupada pelo maior par de dados que você já viu na vida. No entanto, você acaba concluindo que são *dados falsos* quando vê que cada face tem sete pontos. Em seguida, dá uma olhada na mesa e nota a maior molécula de DNA você já viu na vida. E você acaba percebendo que se trata de uma molécula que *fala*. Por fim (pelo menos para este capítulo), você flagra um homem de uniforme militar carregado de medalhas e dragonas, cheio de estrelas nos ombros, se *precipitando* do centro da mesa (20).

A razão que deu errado

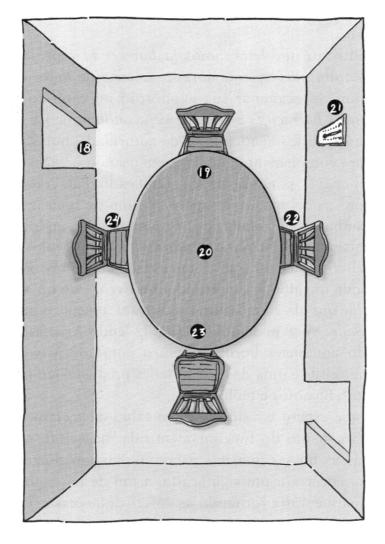

Sala de jantar

Você consegue se lembrar do homem e da *barracuda* discutindo na lareira, do *ditador* gritando com o homem *simples* na porta da sala, dos *dados falsos* na entrada da sala de jantar, do DNA *que fala* e do *general que se precipita* do centro da mesa? Você provavelmente os memorizará melhor se voltar a eles uma ou duas vezes (e talvez na ordem inversa).

Quanto ao que lembramos, a *barracuda* representa o *argumentum ad verecundiam* (argumento de autoridade). Se, depois de examinar sua explicação no capítulo 12, a imagem da *barracuda* e o nome *verecundiam* não o remeterem automaticamente à ideia de autoridade, fique à vontade para complementar sua imagem usando o "método da palavra-chave" para gravar seu significado. Palavras-chave mnemônicas acionam não apenas o som de uma palavra, mas também seu significado. Então, por exemplo, você pode imaginar que essa *barracuda* está usando óculos e lendo um livro, uma vez que é uma *autoridade* em peixes; ou você pode imaginá-la escrevendo um livro, e assim a ideia seria a de que ela é um *autor*, o que trará à mente a palavra *autoridade*. Você pode até imaginá-la lendo Aristóteles ou vestindo um suéter bordado com o nome de Aristóteles, pois o filósofo é uma das autoridades prediletas de muitos cientistas, filósofos e teólogos.

No que espero ter sido um uso sábio da metamemória (o conhecimento do funcionamento da memória), não fiz de todas as nossas imagens palavras-chave explícitas que também encerram um significado, a fim de não sobrecarregar sua memória tornando as coisas desnecessariamente complicadas. Fique à vontade para enfeitar suas imagens se e quando achar necessário.

Onde estávamos mesmo? Sim, o *ditador* e o homem *simples* representam o *dicto simpliciter,* uma falácia que simplifica demais as coisas. Os *dados falsos* representam a sempre popular falácia da *falsa dicotomia*; o *DNA que fala serve* para nos lembrar da *falácia genética*, que trata um argumento simplesmente atacando sua fonte ou origem. Finalmente, o *general que se precipita* encarna a falácia da *generalização precipitada*. Vamos investigar o que eles significam a seguir.

Local	Imagem	Falácia
16. Lareira da sala de estar	Homem discute com a barracuda	*Argumentum ad verecundiam*
17. Porta da sala de estar	Ditador e homem simples	*Dicto simpliciter*
18. Porta da sala de jantar	Dados falsos	*Falsa dicotomia*
19. Cabeceira da mesa	DNA que fala	*Falácia genética*
20. Centro da mesa	General precipitando-se	*Generalização precipitada*

16. *Argumentum ad verecundiam*. A palavra latina *verecundia* denota modéstia (que consiste em conhecer o próprio lugar no mundo), mas o argumento falacioso *ad verecundiam* remete a uma modéstia inadequada e equivocada, que confere a uma autoridade mais crédito do que lhe é devido. É provavelmente mais conhecida sob o nome de "recurso à autoridade". Os pensadores medievais são comumente caricaturizados como pessoas que recorreram inadequadamente à autoridade (em vez de investigar as coisas por si mesmos), de modo especial à autoridade de Aristóteles. Tomás cita Aristóteles centenas de vezes na *Suma teológica*; do mesmo modo, em quase todas as seções "Em contrário" de cada artigo, cita algum tipo de autoridade. As "autoridades" modernas muitas vezes se esquecem de que o próprio Aristóteles foi um grande pioneiro da observação científica, sendo o pai da biologia e da lógica. Além

disso, os maiores pensadores medievais estudaram Aristóteles tanto para abraçar suas verdades quanto para *refutar seus erros*. O mestre de Tomás, Santo Alberto Magno, escreveu um tratado inteiro sobre os erros de Aristóteles. O próprio Tomás escreveu que "o argumento baseado na autoridade humana é o mais frágil". Ele cita as autoridades como pontos de partida para suas posições, mas sempre continua as seções "Eu respondo" com análises próprias.

E, claro, como esquecer o preceito 7: "Não olhes quem diz, mas aquilo que disser de bom confia à vossa memória"?

17. *Dicto simpliciter*. Essa falácia consiste em expor um caso de forma demasiadamente simples, ignorando as exceções às regras. Um exemplo que podemos tomar de nossa reflexão sobre os exercícios físicos no capítulo 10 seria declarar que, como o agachamento com barra estimula uma resposta hormonal maior do que qualquer outro exercício, todos deveriam fazê-lo. Isso ignoraria que, devido a uma série de razões, incluindo danos consideráveis aos joelhos, às costas ou quadris, ou ainda uma condição cardíaca ou neurológica grave, eles podem causar mais danos do que benefícios a algumas pessoas. Também há um sentido no qual essa falácia é contrária à *virtude da gnome*, a qual Tomás descreve como um auxílio à virtude da prudência. A *gnome* leva em consideração, antes de emitir julgamentos, não somente as regras genéricas, mas também condições especiais.

18. *Falsa dicotomia*. Essa falácia, que pode ser resumida em argumentos do tipo "ou oito ou oitenta", "ou preto ou branco", trabalha um falso dilema, isto é, a ideia de que há apenas duas respostas ou dois modos de agir quando, na verdade, pode haver muito mais entre os dois extremos (ou

nenhuma das alternativas ser a correta). Uma falsa dicotomia comum em nossos dias, bastante usada pelos autoproclamados "neoateus", consiste em propor que os ateus acreditam, de acordo com as descobertas de ciências como a astrofísica e a geologia, que o universo tem bilhões de anos, enquanto os cristãos creem, de acordo com a Bíblia, em que a Terra tem apenas cerca de seis mil anos. Essa falsa dicotomia ignora que apenas uma pequena minoria de cristãos adere a interpretações fundamentalistas da Bíblia que vão contra as descobertas científicas. De fato, já há 1700 anos Santo Agostinho, bispo de Hipona, na África, escreveu que a Bíblia não é um livro científico e que não deve ser interpretada de maneira contrária à razão humana. Outro falso dilema comum que alguns escritores ateus apresentam é o de argumentar que os ateus respeitam a razão enquanto as pessoas de fé a rejeitam. Eles citam declarações como esta, de Martinho Lutero: "A razão é a maior inimiga da fé; nunca vem em auxílio das coisas espirituais, mas luta frequentemente contra a Palavra divina". Sem precisar dizer que Lutero não era um homem que pensava como Tomás de Aquino, lembramos que o próprio Tomás escreveu, séculos antes, que "a razão humana não exclui o mérito da fé, mas é um sinal de maior mérito"[3].

19. *Falácia genética*. Esta é uma variante comum da falácia *ad hominem* e consiste em rejeitar uma ideia por causa de sua fonte real ou deduzida — por exemplo, o estado psicológico ou o tipo de educação da pessoa que apresenta o argumento. Lembro-me de uma pessoa que supôs que meu retorno ao catolicismo depois dos quarenta anos fora a resposta a uma crise, insinuando assim que minha crença em

---

3 *Suma teológica*, II-II, q. 2, art. 10.

Deus correspondia a uma necessidade psicológica de conforto e segurança, em vez de ser uma resposta autêntica às moções do Espírito Santo e aos argumentos de São Tomás. Respondi-lhe que, ao contrário, meu retorno ocorrera durante um de meus períodos mais serenos e bem-sucedidos. Depois de ter lido e assimilado a afirmação do filósofo Sêneca de que "o homem ocupado é menos ocupado com a vida", eu havia parado de ministrar aulas na faculdade e tive, então, mais tempo livre para refletir do que em qualquer outro momento de minha vida adulta. Lembremo-nos mais uma vez de que um dos conselhos de Tomás sobre o estudo vai na direção exatamente oposta a essa falácia: "Não olhes quem diz, mas aquilo que disser de bom confia à vossa memória". Ele esteve muito menos interessado na fonte das opiniões do que na verdade ou falsidade que ela expressava, e nós faríamos muito bem em adequar cada vez mais o nosso modo de pensar ao seu.

20. *Generalização precipitada*. Essa falácia nasce de uma falha no raciocínio indutivo[4], saltando para uma conclusão geral errônea com base em pouquíssima evidência. Um exemplo comumente encontrado nos escritos dos ateus militantes é o argumento de que pessoas inteligentes, como os cientistas, não acreditam em Deus. Eles oferecem como exemplo alguns intelectuais de destaque ou cientistas, enquanto ignoram completamente um grande número de cientistas e pensadores extremamente brilhantes e talentosos que acreditam em Deus.

---

4 O raciocínio indutivo parte de fatos particulares para chegar a conclusões gerais, enquanto o raciocínio dedutivo, sintetizado no silogismo, parte de princípios gerais conhecidos como verdadeiros para chegar a uma conclusão particular.

Repetitio est mater memoriae (de novo)

Ainda se lembra das primeiras dez falácias lógicas? Caso se lembre, ótimo; se não, é tempo de aperfeiçoá-las e praticar de novo até que fiquem guardadas em segurança no tesouro da sua memória. Acrescentemos mais cinco falácias lógicas ao nosso banco de dados. Aqui vamos nós.

Falácias lógicas 11 a 15 (locais 21 a 25)

De nossa sala de jantar, passamos para um grande termômetro de parede (local 21), em cima do qual você espia (como era de se esperar — ou não) pessoas muito pequenas e *hiperativas* jogando *boliche*. Deslocando-se para perto da cadeira que fica à direita da mesa (22), você encontra um *príncipe* que lhe pede algo que você não entende. Ao pé da mesa (23) há uma cena bastante complicada, pois um *poste* está sendo *roído* por um camundongo. Passando agora para a cadeira da esquerda (24), você ouve o barulho do *elenco* de uma peça de teatro ensaiando. A sala de jantar já não lhe traz nenhuma novidade, e assim você se dirige para a porta da sala vizinha, a de estar (25), e se depara com — mais uma! — cena estranha, pois um criminoso condenado está escrevendo um *texto*, ao que um guarda *apaga* um trecho que ele escrevera entre *aspas*. Guardou tudo até agora? Vou lhe dar um minuto. Vamos ver o que lembramos.

As pessoas *hiperativas* jogando *boliche* (21) representam a falácia da hipérbole, e o *príncipe pedinte* (22) representa a *petitio principii (petição de princípio)*. O *poste* roído pelo camundongo (23) representa a falácia da *post hoc, ergo propter hoc* (o *hoc* é o barulhinho do camundongo, é claro). O elenco (24) remete à falácia da *ignoratio elenchi* (que consiste em ignorar argumento). Por fim, a *citação apagada* do *texto* do *con*denado (*con+texto*) vem nos lembrar da falácia da citação fora de contexto (25). Vamos revisar:

Local	Imagem	Falácia
21. Termômetro de parede	Pessoas hiperativas jogando boliche	*Hipérbole*
22. Cadeira à direita	Príncipe pedindo	*Petição de princípio*
23. Pé da mesa	Poste roído	*Post hoc, ergo propter hoc*
24. Cadeira à esquerda	Elenco da peça	*Ignoratio elenchi*
25. Porta sala da família	Citação apagada do texto do condenado	*Citação fora de contexto*

21. *Hipérbole.* Essa falácia exagera e distorce os fatos. É muito encontrada em notícias populares sobre estudos científicos. Pensemos num exemplo bem típico — e que me diz respeito, já que sou psicólogo. Certa manchete noticia que a deficiência de determinada substância química no cérebro pode causar um distúrbio como a depressão ou a esquizofrenia, ou ao menos que pessoas com mentes deprimidas ou esquizofrênicas têm essa deficiência específica. A notícia foi publicada porque, de acordo com determinado estudo, um número estatisticamente significativo de pacientes foi diagnosticado com essa deficiência. A manchete, no entanto, ignora que em praticamente todas essas pesquisas algumas pessoas portadoras de distúrbios *não tinham* o desequilíbrio químico e que, ao mesmo tempo,

algumas pessoas que não desenvolveram distúrbio nenhum *careciam* desse desequilíbrio. Embora essas descobertas tenham grande valor, trazendo esperança para várias pessoas, afirmar que o desequilíbrio *causa* um transtorno com base em evidências imperfeitas ignora que o desequilíbrio não é causa *necessária* nem *suficiente*, pois uma pessoa pode ter o distúrbio sem o desequilíbrio ou o desequilíbrio sem o distúrbio.

22. *Petitio principii.* Mais conhecida como "petição de princípio" ou "raciocínio circular", essa falácia *pressupõe* desde o início o que supostamente *prova*. São Tomás recorre a um exemplo particularmente interessante e profundo quando argumenta que a existência de Deus *não* é autoevidente para os seres humanos[5]. Ele contesta um argumento que afirma que a existência de Deus é autoevidente porque está naturalmente inscrita em nós, e para isso emprega tanto a lógica de Aristóteles quanto as Escrituras. Tomás observa que, em relação às coisas autoevidentes, não nos é possível pensá-las de outra forma (por exemplo, o fato de um todo ser maior que suas partes ou de um triângulo ter três lados), ao passo que as pessoas *pensam de outra forma* sobre a existência de Deus, como a própria Escritura deixa claro: "O tolo diz em seu coração: "Não há Deus" (Sl 53, 1). Tomás explica que a existência de Deus *seria* autoevidente se pudéssemos conhecer a sua essência, uma vez que a sua essência e sua existência são uma só (sua própria essência é existir). Todavia, a essência de Deus é imperfeitamente conhecida pelo homem, e esse conhecimento é alcançado por meio de argumentos racionais ou por meio da Revelação. Uma consciência da divindade está inscrita em nossas naturezas, mas

---

5 *Suma teológica*, I, q. 2, art. 1.

de maneira bastante difusa. Uma coisa é saber que alguém se aproxima, outra coisa é saber que (por exemplo) essa pessoa é Pedro. Todas as pessoas buscam a felicidade, mas nem todos percebem que nossa felicidade completa (nossa bem-aventurança) só se encontra em Deus.

23. *Post hoc, ergo propter hoc.* Em português, ficaria: "Depois disso; portanto, por causa disso". Essa falácia pressupõe que, se uma coisa acontece depois da outra, deve ser resultado da primeira. Durante um mês, um jovem mistura uma colher de suplemento alimentar em seu copo de leite todos os dias antes de treinar, ganha dois quilos de músculos e atribui a conquista a esse pó milagroso e caro, sem cogitar que o treino de musculação e uma alimentação normal e saudável poderiam ter produzido esses resultados. Essa falácia está vinculada às superstições e ao efeito placebo, por meio do qual certo número de pessoas obtém efeitos positivos graças a supostos "remédios" que não são senão inofensivos comprimidos feitos de açúcar. É por isso que os pesquisadores trabalham com grupos de controle e tentam administrar outras tantas variáveis potencialmente relevantes. Eles fazem o possível para ter a certeza de que, quando estão testando os efeitos de algum medicamento ou alguma intervenção, o resultado é realmente causado por esse medicamento ou intervenção, e não apenas algo aleatório que acontecera ao largo dos testes. Aqueles que desejam pensar como Tomás de Aquino devem estar atentos a essa falácia, sobretudo em questões relacionadas ao cuidado adequado da mente e do corpo.

Vale observar que, no campo da pesquisa científica, a ideia de que "correlação não prova causalidade" evita essa falácia. O fato de duas coisas tenderem a *ocorrer juntas* não implica necessariamente que uma *cause* a outra, pois uma pode ser a causa da outra ou as duas podem ter sido causadas por outro fator ou por um conjunto de fatores. Recorrendo a um exemplo extremo, imagine que, nas crianças, o tamanho do sapato se correlacione fortemente com o desempenho em testes de inteligência. À medida que o tamanho do sapato aumenta, aumenta significativamente a pontuação nos testes de capacidade mental, de memória recente e até de cálculos matemáticos. Isso não quer dizer que devamos descobrir novas maneiras de fazer os pés dos nossos filhos crescerem, pois o que a descoberta reflete é que não apenas o tamanho do *pé*, mas também o tamanho e as interconexões cerebrais, a experiência prática e o aprendizado, aumentam dramaticamente desde a infância até a idade adulta. Se realizado o teste entre crianças da mesma idade ou entre adultos, a correlação entre o tamanho do pé e a inteligência praticamente desaparece. Os estudos correlacionais proporcionam informações úteis — sobretudo quando os indivíduos não podem ser submetidos a grupos experimentais ou de controle por razões práticas ou éticas —, mas devem sempre ser interpretados com o máximo de cautela na hora de tentar descobrir possíveis fatores causais.

24. *Ignoratio elenchi.* O termo latino refere-se ao fato de que essa falácia ignora o verdadeiro *elenchi* (argumento), desviando a atenção para algo irrelevante. Se você já acusou alguém (ou foi acusado) de dificultar a questão, mudar de assunto ou dizer algo que nada tinha a ver com o tema, pode ter identificado um rastro dessa falácia.

25. *Citação fora de contexto.* Nesse tipo de falácia, uma afirmação é apresentada de maneira enganosa, ignorando o cenário ou contexto em que é usada. Recorrendo a um

exemplo retirado de nossa reflexão anterior sobre a falácia da *petitio principii*, podemos perceber que se poderia citar até mesmo as Escrituras para negar a existência de Deus: "Não há Deus" (Sl 53, 1). Que grande diferença faz deixar de fora as palavras — "O tolo diz em seu coração..." — que antecedem tal afirmação! Aqueles que desejam pensar como Tomás de Aquino devem ter muito cuidado para não usar inadvertidamente suas palavras fora de contexto. Voltando a um exemplo anterior, encontramos a afirmação: "Portanto, a existência de Deus é autoevidente". Isso, no entanto, faz parte de uma de suas *refutações*!

Falácias lógicas 16 a 20 (locais 26 a 30)

É hora de visitar a casa mnemônica outra vez. A ideia principal de todos os preceitos ainda está guardada no *foyer* da memória, junto com as primeiras quinze falácias lógicas na sala de estar, na sala de jantar e na entrada da sala de estar? Se estiverem... que maravilha! Se não, busque os itens perdidos e coloque-os em seu devido lugar. Vamos entrar na sala da família e acrescentar ao nosso mobiliário mnemônico as últimas cinco falácias lógicas deste capítulo.

Não há nada de estranho na cômoda alta e estreita (local 26) ao lado da porta da sala de estar, exceto que ela é bastante *inclinada*, não muito diferente da famosa torre de Pisa. No aparelho de televisão (27), do outro lado da porta, um pastor bem-vestido do "Evangelho da prosperidade" está apresentando um *especial* de TV e *suplicando* por doações. Bem ao lado do armário (28) há um aparelho de som *estéreo*. Perto do armário vê-se um banco de halterofilismo (29), e quem está lá "puxando ferro" era ninguém menos do que o *espantalho* do *Mágico de Oz*. Você fica surpreso com o peso que ele está levantando, pois achava que um *espantalho* seria mais fracote. Finalmente, chegamos à nossa mesa de bilhar (30), e você se sente muito orgulhoso porque o *secretário-geral da ONU* aparece para lhe dizer que não distribuiu para todas as nações a parte *intermediária* de um termômetro que encontrara sobre aquela mesma mesa de sinuca!

Empodere seu pensamento com Tomás de Aquino

Sala da família

Bem, agora é hora dos significados. A cômoda *inclinada* (26) representa a falácia do declive escorregadio. O pregador na TV (27) nos lembra da *súplica especial*. (Incrivelmente fácil e direto até agora, não?) O som *estéreo* no armário (28) funciona bem para os *estereótipos*, enquanto o *espantalho* no banco (29) convém à... *falácia do espantalho*. Então, por último, chegamos à mesa de bilhar (30), onde o secretário-geral da ONU afirma que não quis distribuir mundo afora a parte do meio do *termômetro*. Isso sem dúvida irá lembrá-lo da falácia do *termo médio não distribuído*! Vamos mapear tudo isso:

Local	Imagem	Falácia
26. Cômoda	A cômoda inclinada	*Declive escorregadio*
27. Televisão	Súplica especial do pregador	*Súplica especial*
28. Armário	Aparelho de som estéreo	*Estereótipo*
29. Banco de halterofilismo	Espantalho levantando peso	*Espantalho*
30. Mesa de sinuca	Secretário-geral da ONU não distribui a parte do meio de um termômetro	*Termo médio não distribuído*

26. *Falácia do declive inclinado*. Essa falácia tem alguma relação com a *petitio principii*, pois tenta induzir as conclusões por meio de palavras com fortes conotações emocionais positivas ou negativas, dizendo antecipadamente ao ouvinte o que ele deve supor, pensar e sentir. Muitas vezes a vemos em reportagens políticas supostamente neutras e objetivas. Um exemplo muito simples relacionado à crença religiosa ocorre quando alguns não católicos se referem aos católicos como "papistas" ao criticar os dogmas da Igreja, fazendo uso desse termo intencionalmente pejorativo para

sugerir que os católicos seguem mais ao papa do que a Jesus Cristo.

27. *Súplica especial.* Essa falácia consiste em estabelecer para os outros padrões que não se aplicariam a nós mesmos, omitindo ou ignorando seletivamente informações que seriam prejudiciais ao nosso próprio argumento. Para que eu não seja acusado de fazer o mesmo, deixe-me esclarecer que pensar como Tomás de Aquino não significa ser infalível — o que, aliás, é algo que não se aplica nem ao próprio São Tomás. Espantosamente, ele errou muito pouco, se considerarmos o enorme volume de seus escritos; e seus erros raramente (ou quase nunca) envolvem questões filosóficas. Para ilustrar certos princípios, Tomás usou algumas vezes crenças científicas que mais tarde foram consideradas falsas.

28. *Estereótipos.* Essa falácia trata os membros de determinado grupo como se fossem todos iguais, atribuindo-lhes características do grupo como um todo quando, na verdade, os indivíduos podem ou não as possuir. Há momentos em que generalizações baseadas no pertencimento a um grupo podem ser válidas — por exemplo, quando se diz que os jogadores de futebol são muito fortes. Ainda assim, nem todo jogador de futebol é muito forte. Em sua forma mais grave, o uso falacioso de estereótipos sugere que membros de um determinado sexo, raça, etnia, nacionalidade, religião ou organização política compartilham algumas características negativas, e aqueles que desejam pensar como Tomás de Aquino devem evitá-lo. Por exemplo, se Tomás não hesitou em criticar os erros teológicos de pessoas que pertenciam a diferentes religiões, como os pensadores pagãos, judeus e muçulmanos, ele também não hesitou em acolher suas

A razão que deu errado

ideias e citar seus escritos quando concluiu que seus *insights* eram verdadeiros.

29. *Falácia do espantalho.* Quer fugir de um argumento poderoso de seu adversário? Então dê a ele o rótulo de fraco! Essa falácia consiste em criar um frágil "espantalho" em vez de enfrentar o argumento como ele é. Por vezes, pode assumir a forma de uma falsa dicotomia, como observei a respeito dos ateus que apresentam a oposição entre ateísmo e teísmo como se fosse uma batalha entre o homem de ciência moderno e instruído contra o ignorante *batedor de Bíblia* da roça. O fundamentalista é um espantalho muito mais fácil de se derrubar do que um Agostinho ou um Tomás de Aquino. Tomás, aliás, não gostava de lutar com espantalhos. Ele normalmente expôs os argumentos que lhe desagradavam de forma mais envolvente do que aqueles que as tinham sustentado, deixando claro a que autoridades recorrera antes de mostrar de que modo seus argumentos eram insuficientes.

30. *Termo médio não distribuído.* Concluiremos com uma falácia lógica formal que envolve uma falha no raciocínio dedutivo. Muitas vezes a assimilamos tão naturalmente que é possível que nem percebamos as implicações depreciativas que trazem para seus alvos. Veja um exemplo:

Os supremacistas brancos preferem o candidato X.

Você prefere o candidato X.

Portanto, você é um supremacista branco.

Este é um raciocínio falacioso porque o termo médio não é "distribuído", isto é, não é um termo universal que se aplique a todos os casos. Os motivos pelos quais você prefere o candidato X podem ser totalmente diferentes das razões que levam os supremacistas brancos a preferi-lo; ou, ainda, esses motivos podem coincidir em questões que nada tenham a ver com raça. Para pensar como Tomás de Aquino, devemos estar cientes do quanto o pensamento ilógico predomina em nossa cultura em relação a muitos dos assuntos mais importantes da vida, seja por ignorância não intencional, seja por malícia calculada.

CAPÍTULO 12

Casas sobre a areia

*Erros intelectuais fundamentais
que destroem nossa cultura moderna*

Se os dez preceitos da carta de Tomás e as vinte falácias lógicas apresentadas já estão sedimentadas nos refúgios de sua memória, é hora de seguir adiante com as cinco primeiras "premissas de areia" — os "ismos" arenosos.

"Ismos" errôneos 1 a 5 (locais 31 a 35)

Ainda na sala da família, ao lado da mesa de sinuca, há uma poltrona reclinável (local 31). Descansando nela, vê-se um homem que fica balançando a cabeça, dizendo: *"Ah! Eu não conheço nada sobre Deus"*. Ao lado dele, no sofá (32), um homem *teimoso* o repreende com firmeza, dizendo: "*Ah*! Tenho a prova de que Deus não existe!" Você percebe que esse quarto não é para você e se dirige à porta para sair (33), onde se depara com um jovem *inconsequente* de uniforme listrado que, para a sua surpresa, está cheio de lantejoulas.

Quando cruza a soleira, fica ainda mais espantado ao descobrir que a "sala" adjacente não só tem o teto de uma catedral, mas é uma catedral completa! Na parte de trás desta catedral há uma pia batismal (34), e o *maior trabalhador de construção* que você já viu na vida mergulha os dedos na água para persignar-se. Você nota o tamanho dele pelo macacão que usa e pela enorme britadeira pendurada no ombro. Na verdade, você espera que ele não a lance acidentalmente contra a bela fonte de mármore. No centro da igreja, em frente aos dois corredores principais da nave (35), você fica surpreso ao ver um homem *muito grande* comendo uma refeição imensa. Parece que ele está apenas começando, pois há muitas sacolas de restaurantes de *fast--food* empilhadas à sua volta. Quanto a nós, damos por encerrado o *tour* deste capítulo, para que possamos entender o que realmente vimos.

O homem na poltrona (31) que diz: "*Ah!* Eu não conheço nada sobre Deus" serve para nos lembrar do agnosticismo. O *Ah!*, é claro, remete ao prefixo *a*, que significa "sem", ao passo que "conhecimento" é *gnosis* em grego. O homem na poltrona (32) que é *teimoso* e também começa sua exclamação com um *Ah!* deveria nos lembrar do *ateísmo*. O *inconsequente* está aí para nos remeter ao *consequencialismo*, a crença em que são as consequências que tornam as ações certas ou erradas. Ao entrar na catedral, nosso corpulento trabalhador da *construção* na pia batismal (34) ajuda-nos a lembrar do *construtivismo*, que sustenta que o homem constrói não apenas edifícios, mas, em certo sentido, também a própria realidade! Por fim, chegamos a um senhor ainda mais corpulento (35) *consumindo* uma enorme refeição para nos lembrar do *consumismo*, a ideia de que as coisas materiais podem nos trazer felicidade.

Local	Imagem	Casa sobre a areia
31. Poltrona reclinável	Homem diz: "Ah! Eu não conheço nada..."	*Agnosticismo*
32. Sofá	Homem teimoso que diz: "Ah! Deus não existe!"	*Ateísmo*

33. Porta de saída	Jovem inconsequente	*Consequencialismo*
34. Pia batismal	Trabalhador da construção	*Construtivismo*
35. Centro da nave, em frente aos corredores	Homem consome uma enorme refeição	*Consumismo*

31. *Agnosticismo*. Derivado do prefixo grego *a*, que significa "sem", e *gnose*, que significa "conhecimento", o agnosticismo afirma que não podemos saber se Deus existe. Outros *ismos* mais radicais, como o relativismo e o ceticismo, sustentam que não podemos ter certeza de *nada*. Às vezes uma pessoa que se descreve como agnóstica para dizer apenas que não sabe se Deus existe (podendo não ter investigado a questão), sem querer dizer necessariamente que a existência de Deus é, em si, incognoscível. Na *Suma*[1], São Tomás demonstrou de maneira sucinta que podemos raciocinar validamente *a posteriori*, a partir de coisas já conhecidas e evidentes para nossos sentidos, até chegar às coisas desconhecidas e invisíveis. Como vimos acima, em suas cinco famosas provas Tomás observa que (1) as coisas se movem ou mudam, (2) existem efeitos e causas, (3) as coisas existem por um tempo e depois perecem, (4) existem graus variados de bondade ou perfeição nas coisas e (5) há comportamento ordenado ou intencional na natureza. Por conseguinte, argumenta, deve existir (1) um motor primeiro ou imóvel, (2) uma causa primeira ou não causada, (3) um ser necessário que não pode não existir, (4) uma perfeição de ser da qual fluem graus menores de bondade e (5) uma causa primeira e final que prevê a ordem e governa o universo inteiro.

---

1 *Suma teológica*, I, q. 2. art. 3.

Tomás sustenta que a razão pode, de fato, demonstrar a existência de Deus e nos revelar coisas importantes sobre seus atributos, tais como sua onipotência, onisciência, imutabilidade, simplicidade e amorosidade. Esses atributos servem como preâmbulos para as verdades reveladas e mais profundas da fé. Mais uma vez, nas palavras de São Paulo: "Desde a criação do mundo, as perfeições invisíveis de Deus, o seu sempiterno poder e divindade, se tornam visíveis à inteligência, por suas obras" (Rm 1, 20). Esta posição é também um dogma católico, como fica claro nos documentos do Concílio Vaticano I (1869-1870): "Se alguém disser que o Deus, único e verdadeiro, criador e Senhor nosso, por meio das coisas criadas não pode ser conhecido com certeza pela luz natural da razão humana, seja anátema".

32. *Ateísmo*. O ateísmo afirma ser possível provar que Deus não existe. Sua presença na cultura moderna é relativamente pequena, mas crescente. Pesquisas recentes indicam que nos Estados Unidos, no período de 2007 a 2014, a porcentagem de indivíduos que se declararam ateus quase dobrou — de 1,6% para 3,1% — entre a população adulta (ao passo que os agnósticos cresceram de 2,4% para 4%)[2].

Alguns dos argumentos ateus mais poderosos que encontrei postulavam que a ideia de Deus era autocontraditória, supérflua ou desnecessária. A natureza supostamente autocontraditória da ideia divina ainda é encontrada em *best-sellers* modernos sobre ateísmo que argumentam que Deus não poderia ser todo-poderoso e onisciente porque, por exemplo, se Ele sabe o que vai fazer amanhã, é impotente para fazer algo diferente. A suposta superfluidade de Deus é resumida na afirmação: "A existência existe"; e na

---

2 Lipka, "10 fatos sobre os ateus".

pergunta "Quem fez Deus?". Aqueles que proclamam que "a existência existe" argumentam que o universo visível é o ponto de partida e o fundamento definitivo, não fazendo sentido perguntar de onde ele veio. A pergunta "quem fez Deus?" pressupõe que Deus não é a resposta final para a existência das coisas porque deixa em aberto a questão de sua própria origem.

Só aos quarenta e poucos anos descobri que Tomás havia respondido com maestria a todos esses argumentos há mais de sete séculos. Quanto ao primeiro, ele observa que só existe contradição se concebermos Deus como um ser limitado pelo tempo — como nós, que vivemos no ontem, no hoje e no amanhã — em vez de um ser totalmente atual, existindo num eterno agora. Tomás formula esta analogia simples: "Aquele que vai por um caminho não vê os que lhe veem atrás; mas aquele que vê todo o caminho do alto vê de uma só vez o caminho inteiro"[3]. Quanto à superfluidade de Deus e à autossuficiência do universo, Tomás deixa claro que, como nenhuma coisa natural pode conferir a si mesma a própria existência ou sustentá-la, deve haver um ser cuja existência seja incausada, necessária e fonte de todas as coisas que não existem necessariamente. Leitores astutos também podem notar que a pergunta "quem fez Deus?" é um exemplo de *petitio principii*, uma vez que subverte a lógica com a ideia de que Deus é algo criado que necessita de uma causa anterior, quando Tomás explica minuciosamente que a razão demonstra que Deus é a primeira causa necessária, *incausada*, origem e fonte de todas as outras causas.

33. *Consequencialismo*. O *consequencialismo* é uma posição ética que julga a correção ou incorreção de nossos

---

3 *Suma teológica*, I, q. 14, art. 13.

comportamentos de acordo com suas *consequências*. Pode ser contrastado com a visão deontológica da ética, que se concentra no seguimento de *regras* e *deveres morais*. O consequencialismo é encontrado hoje de várias formas. O *utilitarismo* é uma variante sua que sustenta que os comportamentos éticos são aqueles que produzem o maior prazer para o maior número de pessoas. Um problema desses pontos de vista está em que tendem a reforçar a noção de que "o fim justifica os meios", dando a entender que qualquer comportamento pode ser justificável se levar a um fim desejável[4]. Um exemplo infame vem de uma frase da época da sangrenta Revolução Francesa: "Não se pode fazer omelete sem quebrar ovos". Outra versão é frequentemente atribuída a Vladimir Lenin. Milhões de vidas humanas foram sacrificadas para a omelete fracassada da Rússia comunista. O consequencialismo pode desconsiderar totalmente os tipos de restrições morais, deveres e direitos que sustentam as visões deontológicas. Além disso, é contrário à prudência, que só nos permite alcançar fins virtuosos apenas pelos meios corretos.

Não obstante, pensar como Tomás de Aquino acerca de nossas ações morais é transcender tanto o consequencialismo quanto a deontologia, uma vez que Tomás aponta para um *eudamonismo* ou *ética da virtude*, segundo o qual as ações moralmente corretas são aquelas que nos conduzem à felicidade e à realização finais de um modo ainda limitado aqui na terra e em sentido pleno no céu. A ética tomista da virtude requer que sigamos as leis de Deus como seres feitos à sua imagem e semelhança. Os atos morais seguem regras corretas e, a longo prazo, produzem os melhores resultados,

---

4 Um exemplo tristemente comum diz respeito ao aborto, no qual o fim de proporcionar à mãe a escolha de carregar ou não uma criança durante os meses restantes da gravidez é visto como justificativa para a destruição da vida humana que ela traz dentro de si.

Casas sobre a areia

mas estão fundamentados no aperfeiçoamento das capacidades humanas que Deus nos conferiu por meio do desenvolvimento das virtudes, que não só potencializam nossas próprias competências, mas as compartilham para a glória de Deus e benefício de nosso próximo. O Papa Pio XI deixou isso bem claro neste comentário sobre São Tomás:

> Ele reconduziu toda a ciência da moral à teoria dos dons e virtudes, definiu maravilhosamente tanto a ciência quanto a teoria em relação às várias condições dos homens que desejam viver a vida cotidiana comum e daqueles que se esforçam para alcançar a perfeição cristã e a plenitude do espírito, tanto na vida ativa quanto na contemplativa[5].

A ética da virtude tomista transcende a visão consequencialista — predominante mas irrisória, e segundo a qual "nenhuma ação é errada se não causar dano direto aos outros" —, e o faz com a perspectiva de que as ações corretas são aquelas que ajudam a fazer de nós e de nossos semelhantes as melhores pessoas que podemos ser — de acordo com a nossa natureza de animais racionais, mas feitos à imagem e semelhança de Deus.

34. *Construtivismo*. Existem variedades da teoria do construtivismo empregadas na educação, na psicologia e em outras ciências sociais. Em sua forma mais inofensiva, o construtivismo sustenta que cada pessoa constrói sua própria base de conhecimento por meio de interações com o mundo. Em sua forma radical, afirma que não há fatos ou verdades objetivas e externas, pois todo conhecimento é "socialmente construído" — construído por grupos particulares de pessoas a fim de atender às suas necessidades. A resposta do construtivista à pergunta de Pilatos — "O que

---

5   Papa Pio XI, Carta encíclica *Studiorem ducem*, n. 21.

é a verdade?" — diria que a verdade é o consenso de determinado grupo num momento específico. O construtivismo está intimamente relacionado ao relativismo e a outros *ismos* que examinaremos aqui. Para uma breve avaliação tomista dos fundamentos do construtivismo, damos a palavra ao próprio Tomás:

> Aquele que ensina não causa a verdade, mas causa o conhecimento da verdade no aprendiz, pois as proposições ensinadas são verdadeiras antes de serem conhecidas, dado que *a verdade não depende de nossa ciência, mas da existência das coisas*[6].

35. *Consumismo*. Em vez de uma premissa metafísica profunda e falsa sobre a natureza da realidade, esse *ismo* é tão superficial quanto as práticas que encoraja. Está espalhado pelo mundo da publicidade secular e pelo chamado "Evangelho da prosperidade" de algumas denominações cristãs. Aliado ao pecado da avareza ou à ganância, o consumismo promove a ideia de que somos o que podemos comprar.

Da perspectiva tomista, o consumismo mantém um foco excessivo nos bens materiais em detrimento dos bens espirituais mais elevados. A mentalidade consumista nos conserva no mesmo nível sensorial que temos em comum com os animais, em vez de nos içar ao reino do intelecto e do espírito. Incentiva a *curiosidade*, o zelo excessivo por coisas menores que impedem que conservemos uma atenção amorosa às coisas que mais importam, além de favorecer a *cobiça*, a *avareza*, os desejos ilícitos e as ações que desempenhamos para obtê-los.

---

6 *De magistro*, terceiro artigo, reposta à objeção 6, p. 78.

Tomás não foi consumista, e isso ficou provado em alguns incidentes de sua vida. Você se lembrará da história que contamos no capítulo 4, quando ele expressou preferir uma cópia das *Homilias de São João Crisóstomo sobre o Evangelho de São Mateus* a todas as riquezas de Paris. Outra história fala-nos de um rico que conversou com São Tomás andando pelas ruas de Paris e que insistiu em que o santo dominicano aceitasse um presente generoso. São Tomás pediu então que o homem comprasse todos os pássaros engaiolados à venda naquela rua para que ele pudesse libertá-los!

Você já deve estar bem à vontade com os dez preceitos e as vinte falácias lógicas que guardamos em seus devidos lugares, sem falar nas cinco primeiras casas sobre a areia. É chegada a hora de conhecer os próximos cinco ismos.

"Ismos" errôneos 6 a 10 (locais 36 a 40)

Aproximando-se do altar de nossa catedral mnemônica (36), você observa um sacerdote *emocionado*, tão tocado, após a consagração, pela presença real de Cristo em corpo, sangue, alma e divindade que as lágrimas lhe escorrem pelo rosto. Em seguida, nota-se algo muito estranho em frente ao confessionário (37): pessoas segurando bíblias parecem estar se curvando diante de um cachorro grande chamado *Fido*. Então você chega em frente aos bancos que ficam à direita (38), e quem é que encontra voltando para o assento? O seu *professor de história* mais (ou menos) querido! De volta ao centro da igreja (39), você vislumbra alguém andando de um lado para o outro e dizendo: "Tive uma ideia!" Por fim, você chega ao espaço no início dos corredores centrais (40), e ali uma criança faz o possível para fugir de um grupo de crianças que olham para ela.

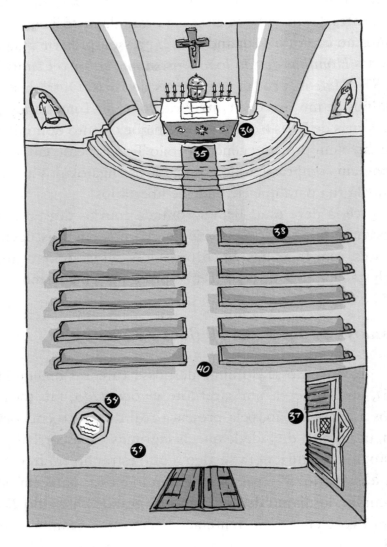

Catedral

Depois dessas imagens tolas, vamos para as ideias — ainda mais tolas — que representam. O padre sentimental chorando de alegria no altar (36) serve simplesmente para nos lembrar do *emotivismo*, a crença em que todos os juízos morais se baseiam em nossos sentimentos. Enquanto isso, no confessionário (37), as pessoas com Bíblias que se curvam diante do cachorro *Fido* estão lá para nos lembrar do *fideísmo*, que sustenta que *todas* as verdades sobre Deus e a moral vêm das coisas reveladas pela fé, descartando assim o papel da razão. Seu professor de *história* passava à frente do lado direito dos bancos (38) para lembrá-lo do *historicismo*, que supervaloriza o papel da história na determinação do que acreditamos ser verdade. Na parte de trás da igreja (39) o homem ansioso dizia "Tive uma ideia!" para nos lembrar do *idealismo*, que concebe nossas ideias como aquilo em que pensamos, e não aquilo através do que pensamos sobre as coisas. Finalmente, de volta ao início dos corredores centrais (40), a criança fugindo do grupo de pequenos remete ao *individualismo* desenfreado que gera tanto egoísmo em nosso tempo, mantendo-nos tão concentrados em nosso valor e dignidade pessoal que nos esquecermos de que todas as pessoas também têm valor e dignidade.

Local	Imagem	Casa sobre a areia
36. Altar	Padre emocionado	*Emotivismo*
37. Confessionário	Pessoas com a Bíblia diante de Fido	*Fideísmo*
38. Em frente aos bancos da direita	Seu professor de história mais (ou menos) querido	*Historicismo*
39. Parte de trás da Igreja	O homem que teve uma ideia	*Idealismo*
40. Início dos corredores centrais	Criança fugindo de crianças	*Individualismo*

36. *Emotivismo*. René Descartes enunciou a famosa frase: "Penso, logo existo". Os emotivistas efetivamente substituem o verbo "pensar" por "sentir". O emotivismo, cujo desenvolvimento filosófico se concretizou em meados do século XX, sustenta que os julgamentos morais não se baseiam em pensamentos ou fatos, são meras expressões de nossas emoções ou sentimentos. É comum que as pessoas adotem visões emotivistas mesmo que (ou talvez precisamente por isso) nunca tenham ouvido ou pensado sobre o tema. Ele se identifica muito bem com as visões relativistas (o "relativismo" virá em seguida), segundo as quais as mesmas ações morais podem ser certas "para mim" e erradas "para você", uma vez que as pessoas talvez *sintam* as mesmas questões de forma diferente. Isso pressupõe um grande senso de tolerância... até que o sentimento de alguém não esteja de acordo com o seu, ou que o que você sente não esteja de acordo com o sentimento da maioria! Além disso, o emotivismo prescinde dos instrumentos do pensamento e do raciocínio objetivos que nos permitem descobrir os padrões morais e encontrar um terreno comum entre pessoas que pensam de modo diferente. Na estrutura do pensamento tomista, o emotivismo está atrofiado no nível da alma sensível. Os humanos, como os animais, têm sentimentos, paixões e emoções, os quais não nos conduzem para o que é verdadeiro e bom sem que sejam regulados por nossas faculdades intelectuais. As virtudes naturais, incluindo a prudência, dão forma e orientação a nossas emoções a fim de que sigam as verdades discernidas pela reta razão, e não pelo modo como nos sentimos sobre determinado assunto sem ter pensado cuidadosamente sobre ele à luz da realidade objetiva.

37. *Fideísmo*. O fideísmo — do latim *fides,* "fé" — está vivo e passa muito bem nos tempos modernos. Em sua

Casas sobre a areia

encíclica *Fides et ratio*, São João Paulo II advertiu contra um fideísmo que "não reconhece a importância do conhecimento racional e do discurso filosófico para a compreensão da fé, melhor, para a própria possibilidade de acreditar em Deus"[7]. Vemos isso mais comumente no *biblicismo*, que faz da Bíblia "o único critério de verdade"[8]. O fideísmo é particularmente perigoso em nosso tempo porque impede o diálogo entre cristãos e não cristãos. Se os cristãos recorrem apenas à Bíblia para refletir a respeito da existência de Deus ou de qualquer questão moral, não há terreno comum com aqueles que não creem na veracidade bíblica. A razão humana serve como um terreno comum e um ponto de partida mútuo para cada pessoa que reconhece a validade do argumento racional. Tomás abordou essa questão em muitos lugares, inclusive na *Suma contra os gentios*, que toca em especial os não crentes ao apelar, primeiro e principalmente, a argumentos racionais. Ele escreve, por exemplo:

> Como se viu, há duas ordens de verdade referentes às realidades divinas inteligíveis: uma, a das verdades possíveis serem investigadas pela razão humana; outra, a daquelas estão acima de toda a capacidade da razão. Ambas, tanto, são convenientemente propostas por Deus aos para serem acreditadas[9].

38. *Historicismo*. São João Paulo II escreveu dências historicistas predominantes em nosso

> O historicismo toma como sua tese funda verdade duma filosofia com base na determinado período e função histór se, pelo menos implicitamente, a val

---

7 *Fides et ratio*, n. 55. Cf. também a entrada sobre a *So*

8 *Ibidem*.

9 *Suma contra os gentios*, livro 1, cap. 4. As duas v obtidas pela *fé* produzida pela crença na Revelação

O que era verdade numa época, afirma o historicista, pode já não sê-lo noutra. Em resumo, a história do pensamento, para ele, reduz-se a uma espécie de achado arqueológico, a que recorre a fim de pôr em evidência posições do passado, em grande parte já superadas e sem significado para o tempo presente. Ora, apesar de a formulação estar de certo modo ligada ao tempo e à cultura, deve-se considerar que a verdade ou o erro nela expressos podem ser, não obstante a distância espaço-temporal, reconhecidos e avaliados como tais[10].

Pouco depois de João Paulo II ter escrito essas palavras, encontrei um artigo no qual os escritos de Aristóteles eram chamados de "meras curiosidades históricas", sugerindo que, por terem sido escritos há mais de 2.300 anos, obviamente não teriam nenhum valor real para pessoas tão esclarecidas como nós hoje[11]. Na resposta que escrevi para a edição seguinte da publicação, comentei que, se Aristóteles fosse uma curiosidade histórica, rezaria para que todos pudéssemos nos tornar muito mais interessados em história!

O *historicismo* erra o alvo da verdade — tanto por ultrapassá-lo e supervalorizar a história (concedendo ao tempo e às circunstâncias em que as verdades são discernidas mais importância do que às verdades mesmas) quanto por subestimá-la (negando que verdades perenes descobertas há muito tempo sejam tão verdadeiras hoje quanto no tempo em que foram descobertas ou reveladas).

Além disso, falando de Aristóteles (e Tomás de Aquino), descobri justamente hoje, lendo um livro de John D. Further, que, em 1972, uma importante universidade americana "aboliu a exigência do ensino da história econômica para que os doutorandos pudessem obter o diploma. Os departamentos de economia da

---

87.
...u de "esnobismo cronológico" essa tendência a julgar as ideias antigas ...s às nossas.

maioria das outras grandes universidades rapidamente seguiram o exemplo"[12]. Pense numa maneira de não pensar como Tomás de Aquino! Ainda mais interessante é o remédio sugerido por Mueller. Ele escreve sobre um "elo perdido" que se encontra nas profundezas da história da economia — dentro da teoria econômica escolástica — e que "pode ser chamado de economia AAA, pois sua fórmula básica é: Aristóteles + Agostinho + Aquino"[13].

39. *Idealismo.* O idealismo aqui referido (mais precisamente denominado *idealismo epistemológico*[14]) parte do princípio de que a *sensação* é a fonte originária das ideias, das quais tomamos consciência quando pensamos. Embora possa parecer inofensivo à primeira vista, no livro *Dez erros filosóficos*, do filósofo tomista Mortimer J. Adler, esse erro é classificado como o mais profundo e fundamental do pensamento moderno! Aqueles que aderem a esta forma de pensar estão claramente destoando do pensamento de Tomás de Aquino — e este é o cerne da questão. Dê uma olhada novamente no diagrama que há no capítulo 8, intitulado "O nascimento de uma ideia". Desde a época de John Locke, muitos filósofos modernos fomentam desconfiança em relação à capacidade da mente, dando a entender que as ideias são os objetos de nosso pensamento ou *aquilo sobre o que pensamos*, eliminando assim a conexão direta entre nossas ideias e o mundo exterior. São Tomás, ao contrário, deixa claro que *as próprias coisas* são os objetos de nosso pensamento e que nossas ideias não são aquilo de que a mente

---

12 John D. Mueller, *Redeeming Economics: Rediscovering the Missing Element.* Wilmington, DE: ISI Books, 2010, p. 11.
13 *Ibidem*, p. 17.
14 *Epistemologia* é o estudo do conhecimento e de como sabemos o que sabemos (do grego *episteme*, "conhecimento").

se ocupa quando pensa, mas principalmente um meio, algo *através do qual pensamos sobre as coisas*.

40. *Individualismo*. O individualismo não é necessariamente daninho se o tomamos como a crença que reconhece o valor e a dignidade de cada um, não tratando nenhum indivíduo como meio usado para atingir os fins de outra pessoa ou grupo. No entanto, o individualismo muitas vezes degenera em egoísmo quando os próprios desejos passam a estar acima das necessidades dos outros ou quando se denigre ou ignora o valor dos relacionamentos amorosos em prol de um prazer puramente hedonista. Vemos esse individualismo praticado e endossado de muitas maneiras, em muitos níveis. Ocorre dentro das famílias, por exemplo, quando um marido ou uma esposa infeliz abandona seu compromisso e suas responsabilidades para com o cônjuge e filhos em nome de prazeres egoístas, divorciando-se e desviando seu tempo e atenção do que é essencial. Vemos isso também na crescente epidemia de solidão no mundo moderno.

Descobri, em uma pesquisa recente sobre o problema da solidão, que os psiquiatras (e cônjuges) Jacqueline Olds e Richard Schwartz se mostraram preocupados em relação à cultura predominantemente protestante dos Estados Unidos, que segundo eles pode enfatizar demasiadamente a autoconfiança e subestimar a necessidade de conexão interpessoal. Eles citam o sociólogo Robert Bellah, que alertou sobre "o foco quase exclusivo no relacionamento entre Jesus e o indivíduo, em que aceitar Jesus Cristo como seu Senhor e Salvador pessoal torna-se quase que o conteúdo total da piedade"[15]. Aqueles que seguem o pensamento de Tomás de Aquino terão sempre em mente que, embora cada indivíduo

---

15 Jacqueline Olds e Richard Schwartz, *The Lonely American: Drifting Apart in the Twenty-First Century*. Boston: Beacon Press, 2009, p. 37.

seja importante para Deus, que sabe o número dos fios de cabelo que cada um tem na cabeça (cf. Mt 10, 30; Lc 12, 7), somos feitos para nos relacionar e chamados a amar a Deus com tudo o que somos e ao nosso próximo como a nós mesmos, e não apenas a nós próprios.

Vamos fazer uma revisão rápida. Você consegue se lembrar das quarenta virtudes, falácias e visões de mundo defeituosas contidas em nosso salão mnemônico nas salas de estar, de jantar, da família e na catedral? Se precisar verificar ou estudar mais algum deles, consulte as tabelas mnemônicas. Se não, vamos começar a estudar o conteúdo do nosso último cômodo — o escritório.

"Ismos" errôneos 11 a 15 (locais 41 a 45)

Ao passar pela porta do escritório (local 41), você é recebido por uma vendedora que carrega uma pilha de *materiais* coloridos no ombro, acompanhada de uma silhueta espectral que você interpreta como algum tipo de espírito. Quando você pergunta à vendedora o que é aquilo, ela responde que não há nada ali. Em seguida, você olha para uma pequena estante instalada ao longo da parede (42). Um livro de pinturas modernas chama a sua atenção; e, quando estende a mão para pegá-lo, uma pessoa com um forte sotaque caipira o agarra primeiro, dizendo: "É minha vez de ver pinturas modernas!" Há, depois, uma estante bem alta (43) ao lado daquela mais baixa, e você fica consternado ao ver ao seu lado um senhor gago repetindo: "Eu visitei o rio Ni-i-i-i-lo". Em seguida, em cima da estante alta, há um monte de presentes embrulhados (44), e, quando você desembrulha o maior, vê dentro do pacote um adestrador de animais com um cachorrinho usando uma coleira sem nome. Por fim, acima da cômoda alta há um quadro na parede (45); você sente como se fosse um *déjà vu* quando vê que há a representação de um homem vendo um livro de pinturas modernas, dizendo: "É minha vez de ver pinturas modernas!". Desta vez, no entanto, o homem está coberto de *pó*.

Vejamos, por ora, o que as imagens representam. A vendedora com materiais na porta do escritório (41) representa o *materialismo*, que, como ela, nega a existência de um reino espiritual. O caipira na estante pequena (42) dizendo "É minha vez de ver pinturas modernas!" nos lembrará do modernismo, visão de mundo para a qual nossa razão nos permite transcender as verdades ultrapassadas da tradição. A estante alta (43) ao lado do senhor que visitou o "rio Ni-i--i-i-lo" remete ao *niilismo*, visão que sustenta que, em última análise, nada importa. Nos presentes em cima da estante alta (44) vimos o treinador com um cachorro *sem nome* para nos lembrar do *nominalismo*. Mantivemos o cão na imagem também para nos lembrar que o nominalismo sustenta que os conceitos universais são apenas nomes gerais para coisas particulares, negando assim a distinção crucial entre o pensamento perceptivo dos animais e o pensamento conceitual dos homens. Por fim, na imagem (45) em cima da estante alta, você viu a representação do caipira cheio de *pó* dizendo novamente: "É minha vez de ver pinturas modernas!". Isso representa o *pós-modernismo*, com sua visão de que agora transcendemos até a própria razão.

Casas sobre a areia

Escritório

Local	Imagem	Casa sobre a areia
41. Porta do escritório	Vendedora com materiais	*Materialismo*
42. Estante pequena	Caipira vendo pinturas modernas	*Modernismo*

43. Estante alta	Senhor gago que visitou o rio Ni-i-i-i-lo	*Niilismo*
44. Presentes em cima da estante	Adestrador com cachorro sem nome	*Nominalismo*
45. Imagem	Quadro com o caipira coberto de pó	*Pós--modernismo*

41. *Materialismo*. O materialismo pode referir-se à supervalorização dos bens materiais, e nisso se parece com o consumismo; todavia, aqui refiro-me à sua visão metafísica mais fundamental: as coisas materiais são tudo o que existe, excluindo desde o início o reino do imaterial, o reino do espírito, do intelecto humano, dos anjos e de Deus. Os materialistas acreditam que nada importa além da matéria. Essa visão é predominante entre os autoproclamados "neoateus" darwinianos, que não admitem a existência de qualquer tipo de instância espiritual. Eles acreditam que, se não podemos ver, provar, tocar ou cheirar algo, esse algo não existe — ou é mero subproduto, uma ilusão sem significado próprio, como a ilusão do livre-arbítrio humano ou o delírio que é crer em Deus.

Muitos se apegam a essa ideia com obstinada paixão. E, no entanto, ninguém — nem nós, nem eles mesmos — pode ver, ouvir, saborear, tocar ou cheirar sua ideia de materialismo. Quanto pesa uma consciência abordada por Darwin? Que cor ela tem? Quão alta pode ser? Se digo que ela cheira mal ou deixa um gosto ruim na boca, estou sendo apenas metafórico. Os ateus colocam a ciência e a razão em pedestais — que pena que não podemos tirar fotografias da ciência e da razão para pendurar nas paredes a fim de obter inspiração! É claro que a ciência e a própria razão são "coisas" que existem não como matéria, mas como frutos do intelecto humano. Elas são, no entanto, menos reais? Você deve lembrar que, entre os argumentos do capítulo 8 para demonstrar a imaterialidade da mente humana, está o fato de que o intelecto humano é capaz de se tornar, em certo sentido, todas as coisas, à medida que capta formas conceituais abstraídas da matéria sensível. Além disso, nenhum dos pensamentos que você conserva em sua mente pode ser rastreado pela operação de qualquer tipo de varredura cerebral, biópsia ou análise química ou elétrica, nos níveis macroscópico ou microscópico.

42. *Modernismo*. Modernismo é um termo amplo que abrange vários erros filosóficos e teológicos que foram mais disseminados no final do século XIX e início do século XX, mas que ainda estão por aí. Em sua encíclica *Pascendi Dominici gregis*, de 8 de setembro de 1907, o Papa São Pio X a chamou de "síntese de todas as heresias". Algumas de suas características teológicas mais importantes são a rejeição da certeza objetiva da Tradição e do dogma estabelecido em favor da ideia de progresso, evolução e maleabilidade das verdades. Com o modernismo veio a crítica à autoridade divina das Escrituras, a rejeição do milagre e do sobrenatural e a busca por um "Jesus histórico" secularizado. Suas teses foram reforçadas pela filosofia moderna e a então recente teoria da evolução darwiniana, colocando maior ênfase na "experiência pessoal" do que em fatos objetivos e nas verdades reveladas da fé.

43. *Niilismo*. Niilismo vem do latim *nihil*, que quer dizer "nada". O niilismo moral sustenta que não há bases firmes para quaisquer valores morais ou humanos. Escrevendo sobre o niilismo no contexto das rejeições modernas do poder da razão, João Paulo II escreveu:

> Como consequência da crise do racionalismo, apareceu o niilismo. Enquanto filosofia do nada, consegue exercer certo fascínio sobre os nossos contemporâneos. Os seus seguidores defendem a investigação como fim em si mesmo, sem esperança nem possibilidade alguma de alcançar a meta da verdade. Na interpretação niilista, a existência é somente uma oportunidade para sensações e experiências em que o efêmero detém o primado. O niilismo está na origem duma mentalidade difusa, segundo a qual não se deve assumir qualquer compromisso definitivo, porque tudo é fugaz e provisório[16].

Observe como o niilismo nos reduz às sensações e experiências da alma sensível, sem postular verdades reais ou objetivos que valham a pena. Há, pois, um sentido no qual o niilismo pode ser visto como a própria antítese da sabedoria especulativa e da prudência prática. A sabedoria e a prudência se concentram nos assuntos que mais importam, enquanto o niilismo sustenta que nada importa de verdade. Assim como o relativismo, declara que não existem comportamentos objetivamente certos ou errados. Um niilismo que fosse levado às últimas consequências enfatizaria o pessimismo e o desespero diante da própria vida, denegrindo o valor e o sentido da vida dos outros. Há uma preocupação crescente com que o aumento dos assassinatos em massa de vítimas inocentes sejam um fruto podre da depravação moral causada pelo niilismo radical.

44. *Nominalismo*. O nominalismo (do latim *nomen*, "nome") tem algum parentesco com o idealismo epistemológico na medida em que nega qualquer conexão direta entre nossos conceitos abstratos ou universais e o mundo exterior. Declara que existem apenas coisas individuais sensíveis e que termos universais como "humanidade" e "entes abstratos" ou formas geométricas, como um triângulo,

---

16 *Ibidem*, n. 46.

são apenas nomes ou rótulos que usamos para descrever as coisas particulares. O nominalismo, portanto, nega as capacidades fundamentais de abstração da alma intelectual e defende que o homem tem apenas a percepção, mas não tem a faculdade de pensar conceitualmente.

Oposto ao nominalismo está o *realismo* exagerado de Platão, com sua teoria das formas, que sustenta que os universais perfeitos, como a humanidade ou a triangularidade, existem em algum reino superior além do alcance dos sentidos. O que vemos aqui na terra seriam apenas cópias imperfeitas.

A moderação entre os dois extremos é a posição de Aristóteles, convenientemente denominada *realismo moderado*, segundo a qual os conceitos universais refletem com precisão essências de realidades. Formamos conceitos abstratos das essências comuns das coisas, os homens são "animais racionais" e os triângulos, "figuras planas fechadas com três lados retos e três ângulos". Embora as essências, como a humanidade ou a triangularidade, não existam por si mesmas em outro reino, podem ser aplicadas com precisão para identificar atributos essenciais e diferenciar coisas particulares e individuais. Como vimos no capítulo 8, pensar como Aristóteles, neste caso, é pensar como Tomás de Aquino.

45. *Pós-modernismo*. Em seus traços mais radicais, o pós-modernismo é como um modernismo "bombado" e furioso lutando contra a razão. Entrou em cena na França em meados do século XX e constitui a síntese e o ápice lógico de erros antigos e modernos, como o ceticismo, o construtivismo e o relativismo, que nega a capacidade da razão de apreender a realidade objetiva porque não há realidade objetiva a ser alcançada. De acordo com essa visão, o que tem sido historicamente chamado de "verdades" não se baseia

em nenhum tipo de correspondência real entre a realidade e nossos pensamentos, mas foi algo construído pela necessidade dos grupos que estiveram no poder ao longo do tempo. Dado que os pós-modernistas negam a validade da razão, você pode supor que deve ser um pouco difícil argumentar com eles. Além disso, como sentem-se livres das restrições da realidade objetiva, às vezes seus escritos podem tornar-se um pouco bizarros. Minha denúncia favorita do pensamento pós-moderno é a de que ele seja na verdade uma variação grandiloquente de um argumento *ad absurdum*[17].

Em 1996, o físico Alan Sokal publicou, na revista *Social Text*, um artigo intitulado "Transgredindo os limites: em direção a uma hermenêutica transformadora da gravidade quântica". Talvez, ao ler esse título, você tenha se perguntado: "O que diabos o autor quer dizer?". Bem, os editores da revista de vanguarda "pós-modernista" em que foi publicado não ficaram nem um pouco espantados.

Em 1998, o autor do artigo publicou o livro *Imposturas Intelectuais: o abuso da ciência pelos filósofos pós-modernos*[18], no qual ele e o coautor, Jean Bricmont, revelaram que o artigo de Sokal era de fato uma farsa, uma algaraviada fabricada que não fazia sentido algum — e a equipe editorial da revista *não* participara da brincadeira! Infelizmente, essa falta de clareza, significado e verdade parece fazer pouca diferença em alguns círculos acadêmicos pós-modernos. Sokal escreveu o artigo como um protesto contra alguns escritores humanistas pós-modernos que brincavam livremente com as teorias da matemática e da ciência (para não mencionar a lin-

---

17   Uma técnica válida de raciocínio lógico que demonstra que, se determinado argumento for seguido até sua conclusão lógica, conduz a resultados absurdos ou contraditórios.

18   Alan D. Sokal e J. Bricmont, *Imposturas Intelectuais: o abuso da ciência pelos filósofos pós-modernos*. Rio de Janeiro: Bestbolso, 2014.

Casas sobre a areia

guagem) e cujos escritos, na verdade, argumentavam contra a verdade objetiva, o bom senso e a razão.

"Ismos" errôneos 16 a 20 (locais 46 a 50)

Passamos agora para a segunda das quatro seções do escritório e paramos na primeira das duas poltronas giratórias (local 46). Sobre a poltrona há um guia turístico de Praga coberto de mato; ao lado dela há uma luminária alta e muito esquisita (47), pois dela pende uma correia vibratória, como naquelas antigas *máquinas redutoras* movidas a eletricidade. Do outro lado da luminária há uma segunda poltrona giratória (48), na qual um homem fantasiado de Einstein começa a explicar a teoria da relatividade! Entre as duas cadeiras há um apoio acolchoado para os pés (49), e sentado nele um *homem de jaleco branco* debruça-se sobre um *microscópio*. Você pensa tratar-se de um *cientista*. Por fim, atrás da luminária e das poltronas, há uma grande janela panorâmica (50). Enquanto observa o jardim da frente por ela, você vê um grupo de sete pessoas pulando uma corda.

Vamos lá. O guia de Praga com o mato por cima indica o *pragmatismo*, é claro, que sustenta que o critério para a verdade é simplesmente o que funciona. A luminária alta (47) está funcionando como uma velha máquina *redutora* para trazer à mente o *reducionismo*, embora este, como o materialismo, não considere que a mente seja algo importante[19]. O homem explicando a teoria da relatividade na segunda poltrona (48) nos lembra do *relativismo* — a ideia

---

19 Acontece que nem a velha correia vibratória redutora nem o reducionismo realmente funcionam!

de que não existem verdades absolutas ironicamente sustentada como se fosse uma verdade absoluta! Sentado ali, com os pés no apoio acolchoado (49), o *cientista* de jaleco branco debruçado sobre um microscópio nos faz lembrar, é claro, do *cientificismo*, que sustenta que as verdades só podem ser afirmadas por meio dos métodos e instrumentos da ciência. Para concluir, aquelas *sete* pessoas que você vê lá fora brincando de pular corda (50) remetem ao *ceticismo*. Se fossem verdadeiros céticos, duvidariam de que havia uma corda para pular e até mesmo da existência deles próprios!

Local	Imagem	Casa sobre a areia
46. Primeira poltrona	Guia de Praga coberto de mato	*Pragmatismo*
47. Luminária	Máquinas redutoras	*Reducionismo*
48. Segunda poltrona	Homem fantasiado de Einstein	*Relativismo*
49. Apoio para os pés	Cientista debruçado sobre o microscópio	*Cientificismo*
50. Janela	Sete pessoas pulando corda	*Ceticismo*

46. *Pragmatismo*. Os pragmatistas sustentam que a função do pensamento humano está na resolução de problemas práticos (que podem mudar com o tempo), e não em compreender com rigor os fatos da realidade. O pragmatismo sustenta que verdadeiro é aquilo que funciona na prática e desconsidera princípios teóricos e valores fundamentais. São João Paulo II, após sua discussão sobre o cientificismo,

alertou sobre a crescente prevalência do pragmatismo no final do século XX:

> Portador de perigos não menores é o pragmatismo, atitude mental própria de quem, ao fazer as suas opções, exclui o recurso a reflexões abstratas ou a avaliações fundadas sobre princípios éticos. As consequências práticas que derivam desta linha de pensamento são notáveis. De modo particular, tem vindo a ganhar terreno uma concepção da democracia que não contempla o referimento a fundamentos de ordem axiológica e, por isso mesmo, imutáveis: a admissibilidade, ou não, de determinado comportamento é decidida com base no voto da maioria parlamentar. A consequência de semelhante posição é clara: as grandes decisões morais do homem ficam efetivamente subordinadas às deliberações que os órgãos institucionais vão assumindo pouco a pouco. Mais: a própria antropologia fica fortemente condicionada à proposta duma visão unidimensional do ser humano, da qual se excluem os grandes dilemas éticos e as análises existenciais sobre o sentido do sofrimento e do sacrifício, da vida e da morte[20].

Para os que pensam como Tomás de Aquino, qualquer ação moral que funcione opera de acordo com a natureza e o valor verdadeiro e duradouro do homem.

47. *Reducionismo*. Visões reducionistas radicais sustentam que fenômenos complexos podem ser mais plenamente explicados pelas operações de suas partes mais simples e fundamentais. Os processos biológicos, por exemplo, podem ser reduzidos aos da química e as reações químicas, aos da física, ignorando ou minimizando a importância e a interação dos processos em seus vários níveis de complexidade. Essa tendência pode ser vista na psiquiatria moderna quando há uma ênfase excessiva na perturbação mental como resultado de desequilíbrios químicos do cérebro, ignorando que os pensamentos e as atividades físicas de uma pessoa

---

20   João Paulo II, *Fides et ratio*, n. 89.

também podem afetar os processos fisiológicos que regulam a estimulação de vários hormônios e substâncias em todo o corpo. Pense na última vez em que algo o assustou de verdade: isso exemplifica o quanto nossas percepções em relação aos acontecimentos diários podem impactar dramaticamente nossa química corporal e reações fisiológicas.

Por volta da primeira metade do século XX, visões reducionistas dominaram o campo da psicologia comportamental, levando o psicólogo russo Lev Vigotsky a argumentar que estudar os estímulos externos e os reflexos responsivos das pessoas sem considerar o funcionamento da mente humana é como tentar entender as propriedades da água em relação ao fogo, estudando apenas separadamente o hidrogênio, que queima, e o oxigênio, que sustenta a combustão.

Como vimos em nossa reflexão sobre o *materialismo*, entre as espécies mais comuns e desastrosas de reducionismo hoje está aquela que reduz a mente humana ao cérebro, ignorando as provas aristotélicas e tomistas da imaterialidade da mente e do papel do cérebro como seu instrumento. O *determinismo* que nega a existência do livre-arbítrio é um companheiro comum do materialismo e do reducionismo. Nessa perspectiva, o livre-arbítrio é uma ilusão e nossos comportamentos são todos causados ou determinados por cadeias anteriores de acontecimentos e experiências (incluindo então, pode-se supor, não apenas a crença no livre-arbítrio, mas a própria crença no determinismo).

48. *Relativismo*. O relativismo se fundamenta numa premissa muito séria e abrangente que pode deixar toda sorte de destruição pelo caminho. Em nossos dias, o homem que logo se tornaria Papa Bento XVI nos advertiu: "Estamos construindo uma ditadura do relativismo que não reconhece

nada como definitivo e cujo objetivo último consiste apenas no próprio ego e nos próprios desejos"[21].

O relativismo responde à pergunta de Pilatos — "O que é a verdade?" — dizendo que uma coisa pode ser "verdadeira para mim" e não para você ou outra pessoa. Na maioria das vezes, o relativismo assume a forma do relativismo moral e nega verdades morais comuns, buscando assim apagar os limites de muitos comportamentos que foram considerados prejudiciais ou não naturais ao longo da maior parte da história. Ironicamente, porém, essa postura que parece tolerante e que permite a cada um escolher suas próprias verdades é caracterizada por uma forte intolerância em relação àqueles que acreditam que há uma verdade absoluta, que há afirmações verdadeiras ou falsas e comportamentos morais ou imorais, independentemente de quem adote os argumentos ou comportamentos em questão. Segundo a perspectiva tomista, o relativismo rejeita a natureza da verdade e as leis do raciocínio lógico — como o princípio da não contradição —, bem como os processos e métodos da compreensão humana, desde a fidedignidade das informações que os nossos sentidos nos fornecem sobre o mundo exterior até a nossa capacidade de apreender verdades abstratas e comunicá-las de maneira adequada.

49. *Cientificismo*. Se o *fideísmo* é a Cila que nos afasta do curso da verdade, o cientificismo é a Caríbdis que ameaça nos afundar quando estamos navegando firmes na direção correta. A palavra *cientificismo* não era usada no tempo de Tomás. Para São João Paulo II, trata-se da "noção filosófica que se recusa a admitir a validade de outras formas de conhecimento que não as das ciências positivas; e relega o

---

21   Cardeal Joseph Ratzinger, Homilia na Basílica do Vaticano, 18 de abril de 2005.

conhecimento religioso, teológico, ético e estético ao reino da mera fantasia"[22]. De fato, há pouco tempo vimos na mídia um cientista argumentar que não só a fé, mas também a filosofia, é irrelevante e contrária à ciência. A rejeição da filosofia, assim como da religião, é um perigo real do cientificismo. A filosofia pode examinar dados que uma ciência puramente materialista provavelmente ignoraria ou descartaria como subproduto incômodo de átomos e genes — ou seja, a experiência interior do homem, ou mesmo questões profundas, como "quem sou eu?" e "quem é você?". Além disso, a filosofia pode abordar questões acerca do que *devemos* fazer e do que *podemos* fazer. A ciência é capaz de nos indicar como fazer armas mortais, enquanto a filosofia indica se, e sob quais circunstâncias, devemos ou não usá-las. São João Paulo II nos alertou quanto à incompreensão dos limites da ciência, de um cientificismo que pensa que devemos nos preocupar apenas com os fatos materiais, e não com as implicações éticas desses fatos (pois a ética também é um ramo da filosofia):

> No âmbito da investigação científica, foi-se impondo uma mentalidade positivista, que não apenas se afastou de toda referência à visão cristã de mundo, mas sobretudo deixou cair qualquer alusão à visão metafísica e moral. Por causa disso, certos cientistas, privados de qualquer referimento ético, correm o risco de não manterem, ao centro do seu interesse, a pessoa e a globalidade da sua vida[23].

Quando uma pessoa abraça o cientificismo, acaba deixando de lado as suas aspirações mais elevadas, assim como as dos seus próximos; acaba também abandonando a Deus, que nos criou a todos. Na terminologia de Tomás, poderíamos dizer que o adepto do cientificismo é aquele que faz da

---

22   João Paulo II, *Fides et ratio*, n. 88.
23   *Ibidem*, n. 46.

ciência tudo o que há em relação às virtudes do intelecto, concentrando-se em causas e efeitos secundários, de ordem inferior, e ignorando os princípios fundamentais em que se baseiam (o campo do *entendimento*); a causa final, que é mais elevada e a primeira responsável por todos os fatos da criação (o campo da *sabedoria*, da busca do conhecimento de Deus); para não falar do campo das ações morais humanas, guiado pela virtude da *prudência*.

50. *Ceticismo*. O ceticismo remonta ao filósofo grego Pirro (360 a.C.-270 a.C.) e seus seguidores. Pirro também tem muitos adeptos modernos, saibam eles disso ou não. O ceticismo é um estado de dúvida para o qual não podemos obter um conhecimento certo sobre nada.

Uma resposta jocosa e antiga ao ceticismo é encontrada nos escritos do filósofo estoico Epiteto (55-135). Ao refutar os seguidores de Pirro, Epiteto oferece uns deliciosos argumentos *ad absurdum*. Aqui está um dos mais concisos, retirados de uma conferência pública: "Quando quero engolir alguma coisa, jamais a ponho aí (indicando a boca do interlocutor), mas aqui (indicando a própria boca)... E vocês, que desprezam a evidência dos sentidos? Fazem alguma coisa diferente?".

Já há alguns anos, um colega de trabalho adepto do ceticismo e dado a filosofar me disse: "Sabe, não podemos ter certeza de nada". Ao que eu simplesmente respondi: "Hmmm, você tem certeza disso?" Ele riu e foi embora sem responder. Apontar a natureza contraditória e autorrefutante do ceticismo filosófico não é garantia de que seus adeptos o abandonarão, mas aqueles que querem pensar como Tomás de Aquino devem estar bem cientes de que os céticos lançam dúvidas sobre o funcionamento não só das próprias capacidades intelectuais, como também de suas potências sensíveis.

De certa forma, a única coisa de que um cético não duvida é da própria dúvida.

É provável que ele esteja ciente disso?

Duvido!

CAPÍTULO 13

Pensamentos errados sobre a fé

Dois mil anos de heresias e meias-verdades

> *Ele [o herege] erra ao escolher não o que Cristo verdadeira-mente ensinou, mas o que é sugerido pela própria mente. Assim, a heresia é uma espécie de infidelidade própria dos que, embora confessando a fé em Cristo, viciam-lhe os dogmas.*
>
> — São Tomás de Aquino, *Suma teológica*, II-II, q. 11, art. 1

> *Com as próprias mãos debelou todos os erros do tempo passado e propiciou invencíveis armas para os que haviam de aparecer nos tempos futuros.*
>
> — Papa Leão XIII, *Aeterni Patris*

Passemos agora para a próxima seção de nosso estudo. Avançamos para os "ismos" que tratam não apenas da natureza da verdade em geral, do pensamento ou dos comportamentos morais dirigidos pela razão humana, mas também das verdades reveladas da fé, transmitidas pela Revelação e interpretada pela Igreja Católica que Cristo edificou sobre Pedro, "a pedra" (Mt 16, 18). Veremos algumas amostras das heresias mais significativas, crenças populares que, ao longo dos séculos, foram distorcendo os ensinamentos ortodoxos da Igreja sobre a fé, incluindo a natureza de Deus, da criação, do homem, de Jesus Cristo e de sua Mãe Santíssima. Como de costume, eles serão apresentados em detalhes após nossas excursões mnemônicas, cinco de cada vez. Vejamos onde estão na casa da memória.

Heresias e meias-verdades 1 a 5 (locais 51 a 55)

No canto do escritório você encontra um globo (local 51) e, dando um *zoom* na Alemanha, vê uma cena perturbadora do final da década de 1930: há um Adolf Hitler gesticulando descontroladamente e discursando para uma multidão sobre a "raça superior ariana". Ao lado do globo há outra estante (52) em cima da qual, por incrível que pareça, você vê uma pequena cama da qual sua amiga ou parente Catarina acaba de erguer-se. Do outro lado da sala, na porta do escritório (53), você encontra um herege com sotaque estrangeiro lutando para passar uma grande letra G pelos nós de uma corda. Em frente à parede oposta à janela panorâmica (54), onde há diplomas pendurados, um louco está calçando meiões e chuteiras. Você quer saber o que ele pretende com aquilo, ao que ele responde: "Sou o Pelé, sou um ícone do futebol!" Por fim, chegamos a uma foto na parede (55) sobre o globo, e quem é que está retratado lá, senão uma amiga de sua avó chamada Jan, que está senil?

O globo (51) com Hitler discursando sobre a raça ariana nos recordará da heresia do *arianismo*, que não apenas sustentou uma visão distorcida da humanidade, mas negou a divindade de Jesus Cristo. Da cama que está em cima da estante (52) vimos Catarina erguer-se para nos lembrar da heresia do *catarismo*, sustentada por pessoas que se julgavam puras e ensinavam que o corpo era algo mau. O herege com sotaque na porta (53) queria passar a letra G pelos nós, e com isso nos forçamos a recordar do... gnosticismo. *Gnosis*, como vimos, significa "conhecimento" em grego. Enquanto os agnósticos sustentam que não podemos conhecer a Deus, os gnósticos dizem possuir um conhecimento espiritual secreto. O louco que se acredita um *ícone* do futebol (54) nos lembra da heresia da *iconoclastia*, a qual apregoava que os ícones religiosos, fossem quadros ou esculturas (imagens), deveriam ser derrubados das paredes. Por fim, a *Jan senil* na foto (55) nos lembra do *jansenismo*. O jansenista acredita que Deus elegeu certas pessoas para desfrutar do Céu e outras para sofrer o inferno, e o que fazemos com nosso livre-arbítrio nem entra na conta, por assim dizer.

Local	Imagem	Heresia
51. Globo	Hitler prega o arianismo	*Arianismo*
52. Estante	Catarina se levanta da cama	*Catarismo*
53. Porta de saída	Herege quer passar a letra G pelos nós	*Gnosticismo*
54. Diplomas	Louco que se julga o Pelé	*Iconoclastia*
55. Foto	Jan senil	*Jansenismo*

51. *Arianismo*. O arianismo recebeu esse nome em razão do sacerdote alexandrino Ário (256-336 d.C.), que difundiu amplamente as primeiras ideias heréticas sobre a natureza de Cristo. Ário afirmava que Jesus não poderia ter duas naturezas, a divina e a humana, e que não era eternamente uno com o Pai, mas fora em algum momento criado por Ele. Em certo sentido, a heresia é uma consequência da elevação da razão acima da fé, pois a razão humana é incapaz de compreender plenamente o mistério das duas naturezas de Cristo e o fato de que o eterno Filho de Deus poderia, em algum momento, encarnar-se. É por causa da poderosa influência da heresia ariana que proclamamos no Credo que Cristo é "gerado, não criado, consubstancial ao Pai", ecoando o pronunciamento do Concílio de Niceia, que em 325 declarou que Cristo é *homoousios to Patri*: "da mesma substância do Pai".

Entre os muitos escritos sobre a natureza de Cristo na terceira parte da *Suma teológica*, destaco aqui um que se refere tanto às Escrituras quanto a Santo Atanásio (296-373), bispo de Alexandria e maior oponente teológico de Ário. Escreve Tomás: "Ao contrário, está escrito (Jo 1, 14): 'O Verbo se fez carne'; e, como declara Atanásio (*Carta a Epiteto*), quando se disse que 'o Verbo se fez carne', é como se dissesse que Deus se fez homem"[1].

52. *Catarismo*. Com seu nome derivado do grego *katharoi*, "os puros", essa heresia começou a florescer no século XI na região de Languedoc, sul da França, sobretudo na cidade de Albi; portanto, era também conhecida como a *heresia albigense*. Consistia numa mistura de crenças cristãs e não cristãs que incluíam uma variedade de proposições dualistas, sendo a mais conhecida delas a de que existe um deus do bem e um deus do mal. O deus da bondade, que criou as coisas espirituais, é o deus do Novo Testamento, enquanto o deus do mal criou o mundo material, incluindo o corpo humano. Entre as suas crenças mais estranhas estavam a permissibilidade da fornicação, já que o corpo não era importante, e a condenação do casamento e da reprodução, a fim de evitar que os espíritos ficassem presos dentro dos corpos.

Esse pensamento opõe-se diametralmente ao pensamento de Tomás de Aquino por diversas razões. Uma das mais óbvias é o rebaixamento do corpo, uma vez que toda a antropologia e psicologia humanas de Tomás se baseia na crença de que a natureza humana é um composto hilomórfico (matéria-forma), com corpo e alma criados por Deus. Não nos esqueçamos de que Tomás foi dominicano, membro da Ordem dos Pregadores, fundada por São Domingos de

---

1 *Suma teológica*, III, q. 16, art. 6.

Gusmão (1170-1221). Uma das primeiras missões de Domingos foi a conversão dos albigenses. Num famoso incidente datado do início de seu ministério, ele ficou acordado a noite toda conversando com um estalajadeiro albigense e o trouxe de volta a Cristo e à Igreja Católica.

53. *Gnosticismo.* O gnosticismo, derivado palavra grega *gnosis*, que significa "conhecimento", é uma heresia muito antiga, com raízes e ramificações filosóficas e religiosas na Grécia, no judaísmo e no antigo Oriente Médio. Era considerado uma forma especial de conhecimento, que reconhecia o mal da matéria e a bondade do espírito, como o catarismo séculos depois. Isso vai diretamente contra a bondade da criação, tal qual repetidamente proclamada no livro do Gênesis (cf. 1, 10; 12; 18; 21; 25; 31) — sem mencionar a Encarnação de Cristo. O gnosticismo também ataca o pensamento de São Tomás de Aquino, como G. K. Chesterton certa vez afirmou com imensa elegância:

> Ninguém começará a compreender a filosofia tomista, ou mesmo a filosofia católica, sem que advirta logo que a sua base primária e fundamental é o louvor da vida, o louvor de Deus como o Criador do Mundo[2].

54. *Iconoclastia.* Esta é a heresia dos destruidores de ícones (imagens), a qual ganhou destaque na Igreja Oriental nos séculos VII e VIII. Alguns citam a influência da então nova religião do islã, na qual qualquer tipo de imagem ou escultura feita sob a forma humana era considerada idólatra, muito embora alguns cristãos de tempos anteriores já tivessem opiniões semelhantes. No seu auge, no século VIII, muitos mosteiros e igrejas foram saqueados e a arte religiosa foi destruída, juntamente com as relíquias dos

---

2 Chesterton, *São Tomás de Aquino*, p. 105.

santos. Em certo sentido, quando da Reforma, no século XVI, a história iconoclasta se repetiu em partes da Europa continental, bem como nos domínios do rei Henrique VIII, autoproclamado chefe da Igreja da Inglaterra. Mosteiros e igrejas foram saqueados e destruídos, ou então convertidos em casas de cultos protestantes.

Durante a vida deste que vos escreve, surgiram outros tipos de iconoclastias, às vezes até dentro da Igreja. Infelizmente, assistimos à destruição da arte e da arquitetura cristãs e de outras religiões em partes do Oriente Médio, pelas mãos de extremistas muçulmanos. Além disso, no exato momento em que escrevo, vemos representações de personalidades da história sendo literalmente destruídas ou postas abaixo por aqueles que se consideram moralmente mais esclarecidos do que elas, as quais, mesmo que de modo imperfeito, fizeram-nos chegar aonde chegamos.

Aqueles que pensam como Tomás de Aquino devem considerar que a recomendação de formar imagens físicas, ainda que de conceitos espirituais abstratos, ajuda no aperfeiçoamento da memória, pois "as impressões espirituais escapam facilmente da mente, a menos que estejam ligadas, por assim dizer, a alguma imagem corpórea, pois o conhecimento humano tem maior domínio sobre objetos sensíveis"[3]. As imagens mnemônicas que estamos empregando neste livro são tipos de ícones mentais que nos ajudam a compreender e guardar conceitos importantes relacionados à nossa vida intelectual e espiritual.

Pelos ícones e pela arte religiosa também reconhecemos que o intelecto humano é alimentado e elevado a Deus pela evidência dos sentidos. Os católicos não adoram as imagens em nossas igrejas ou em nossas casas mais do que reverenciamos

---

3 Tomás de Aquino, *Suma teológica*, II-II, q. 49, a. 1.

as fotos de nossos entes queridos que penduramos em nossas paredes ou carregamos em nossas carteiras.

Imagens belas e outras obras de arte religiosas alimentam nossos sentidos, aquecem nossos corações e inflamam nosso amor, lembrando-nos da grandeza e do amor do Deus para o qual esses ícones foram criados como forma de louvor e glória. Aqueles que desejam pensar como Tomás de Aquino também encontrarão nas Escrituras passagens em que Deus ordenou a construção de ícones religiosos (cf. Ex 25, 18-20; 1 Cr 28, 18-19), incluindo um prenúncio simbólico de Jesus Cristo (cf. Nm 21, 8-9; Jo 3, 14).

55. *Jansenismo.* Cornélio Otto Jansênio (1585-1638) foi bispo católico de Ypres, em Flandres (agora parte da Bélgica). Em seu livro *Augustinus*, dedicado a Santo Agostinho, ele argumentou que a salvação se dava apenas aos eleitos (aqueles predestinados por Deus para receber Sua graça salvadora), que o livre-arbítrio não desempenhava nenhum papel na salvação e que Cristo morreu não por todos, mas pelos escolhidos. Essas visões têm alguma semelhança com o calvinismo. Em uma bula de 1642, o Papa Urbano VII proibiu as pessoas de lerem o livro *Augustinus*, pois promovia doutrinas condenadas pela Igreja Católica. No entanto, os seguidores de Jansênio ergueram uma igreja jansenista em Utrecht, Holanda, em 1723 — a qual existe até os dias de hoje.

Heresias e meias-verdades 6 a 10 (locais 56 a 60)

Trabalhemos as cinco heresias finais. No local 56, encontramos uma cadeira diante de uma mesa de computador — a cadeira na qual me sentei enquanto construía esta casa de memórias. Só que, de repente, ela se transforma numa... *manivela*! No móvel (57) onde antes havia um computador agora fica uma TV, que às vezes exibe comerciais de medicamentos. Vamos imaginar que um comercial está divulgando um novo remédio milagroso que cura a *mono*nucleose. Em frente à outra estante (58), ao lado do armário, o velho e sábio Nestor, personagem de Homero, encontra-se sentado. Virando-se para um último retrato na parede (59) ao lado da porta, você vê, por algum motivo, a pintura de um *pelicano* que lhe parece ser muito *ágil*. Por fim, na última parada deste passeio da memória, você abre a porta do armário do escritório (60) e, dali, sai uma cantora de ópera que canta um *solo* com palavras lidas diretamente das *Escrituras*. Parece que está cantando os Salmos.

Para concluir as heresias, a cadeira se transforma em *manivela* (56) para nos lembrar do *maniqueísmo*, uma forma antiga de gnosticismo. O remédio milagroso na TV (57) cura a *mono*nucleose e também remete ao *monofisismo*, que sustentava que Jesus Cristo tinha apenas uma (*mono*) natureza, negando sua plena humanidade e plena divindade. Aquele Nestor sentado (58) serve recordar a heresia do *nestorianismo*, que promulgou várias ideias errôneas, incluindo a de que a Mãe Santíssima não era verdadeiramente a Mãe de Deus, pois dera à luz apenas a natureza humana de Cristo.

Do outro lado da sala, o retrato da porta (59) mostra um *pelicano ágil* para nos lembrar do *pelagianismo*, que afirmava que podemos traçar nosso próprio caminho para o céu mesmo sem a graça de Deus. Nosso passeio pela memória chega ao fim no armário do escritório (60). Aquela cantora de ópera cantando um *solo das Escrituras* nos fará lembrar da heresia da *Sola Scriptura*, pilar do protestantismo que ignora que "a Igreja do Deus vivo" é "a coluna e sustentáculo da verdade" (1 Tm 3,15), a coluna e o baluarte que nos deu a própria Bíblia, sob a orientação do Espírito Santo.

Local	Imagem	Heresia
56. Mesa de computador	Cadeira se transforma em manivela	*Maniqueísmo*
57. Móvel	Remédio na TV para mononucleose	*Monofisismo*
58. Estante	Nestor sentado	*Nestorianismo*
59. Retrato	Pelicano ágil	*Pelagianismo*
60. Armário do escritório	Cantora solando a Escritura	*Sola Scriptura*

56. *Maniqueísmo*. Tomando o nome de seu fundador, o persa Mani (216-274), essa religião foi uma variante do gnosticismo e precursora do catarismo. Apresentava-se em perfeita harmonia com a razão e como a síntese lógica de outras religiões do mundo, abrangendo elementos do zoroastrismo, que proclamava seus deuses duais do bem e do mal; da mitologia babilônica antiga; de princípios morais budistas; e de alguns princípios cristãos distorcidos. Jesus era visto como um "salvador sofredor", mas, em vez do Verbo Encarnado, não passava de uma manifestação da "luz cósmica" aprisionada na matéria carnal. O maniqueísmo é importante na história cristã por causa de um ex-maniqueu notável que se tornou católico devoto: Santo Agostinho de Hipona (354-430).

O pensamento tomista, como vimos, está no polo oposto ao do maniqueísmo, pois reconhece a bondade da matéria e do espírito, já que Deus nos criou com corpo e alma. Além disso, o próprio Verbo mostrou-se disposto a assumir um corpo por nossa causa. Você se lembra do episódio no qual Tomás esteve tão absorto à mesa de São Luís, rei da França, que bateu com força na mesa e gritou: "Achei *uma* resposta para os maniqueus!" Talvez os argumentos de Tomás realmente os tenham resolvido. Pelo menos não vemos, atualmente, uma religião maniqueísta formal, embora vários elementos do pensamento gnóstico permaneçam presentes.

57. *Monofisismo*. Essa visão herética foi adotada por Êutiques (378-456), arquimandrita (superior de um mosteiro) de fora da grande cidade murada de Constantinopla. O monofisismo propôs que Cristo teve apenas uma (*mono*) natureza (*physis*) após a Encarnação. Segundo esta perspectiva, Cristo não era plenamente Deus e plenamente homem porque acreditava-se que "a natureza humana deixou de existir como tal em Cristo quando a pessoa divina do Filho de Deus a assumiu" (*Catecismo da Igreja Católica*, 467). Trata-se de uma variante de outra forma de monofisismo chamada *apolinarismo*, defendido anteriormente pelo bispo sírio Apolinário (310-390), segundo o qual Jesus não poderia ter mente humana. Quando o apolinarismo foi condenado no Primeiro Concílio de Constantinopla, em 381, afirmou-se que a heresia retratava Cristo como *tertium quid*, uma "terceira coisa": nem homem, nem Deus. A versão posterior do monofisismo de Êutiques surgiu como resposta e reação exagerada à heresia anterior do nestorianismo, que detalharemos a seguir.

58. *Nestorianismo*. Essa concepção herética foi adotada por Nestório (386-451), arcebispo de Constantinopla. Ele negou a validade do título *Theotokos* (portadora de Deus ou Mãe de Deus) conferido à Maria, argumentando que ela dera à luz apenas a natureza *humana* de Cristo. Nestório argumentou que Maria deveria ser chamada de *Christotokos* (portadora de Cristo ou Mãe de Cristo). No Concílio

Pensamentos errados sobre a fé

de Éfeso, em 431, São Cirilo de Alexandria respondeu: "Se alguém não confessar que o Emanuel (Cristo) é Deus em sentido verdadeiro e que, portanto, a santa Virgem é Mãe de Deus, pois gerou segundo a carne o Verbo que é de Deus e veio a ser carne — seja anátema". O dogma confirma que Maria foi verdadeiramente mãe, dando à luz não apenas uma "natureza", mas um ser humano que é a Segunda Pessoa da Trindade. Por conseguinte, não se trata apenas de um honorífico apropriado para Maria, mas de salvaguardar o pleno significado da Encarnação. O nestorianismo foi condenado no Concílio de Éfeso, em 431, e o monofisismo, vinte anos depois, no Concílio de Calcedônia.

59. *Pelagianismo*. O teólogo bretão Pelágio (360-420) promulgou uma heresia que é, em alguns aspectos, o oposto das visões calvinistas e jansenistas que acabariam disseminadas muitos séculos depois. Se Calvino e Jansênio deram ênfase excessiva à nossa pecaminosidade, Pelágio a desconsiderou quase por completo. Enquanto os jansenistas negavam o poder de nossa cooperação com a graça divina mediante o livre-arbítrio, Pelágio sustentava que poderíamos chegar ao Céu por conta própria, com a graça de Deus fornecendo apenas um impulso a mais — e não essencial! Pelágio, influenciado por filósofos gregos — incluindo os estoicos, que não tinham noção do pecado original —, sustentava que nascemos moralmente neutros, mas podemos alcançar o Céu seguindo o modelo e exemplo de Cristo por meio do exercício de nossas capacidades e virtudes naturais.

No Concílio de Cartago, em 418, o pelagianismo foi condenado em uma série de proposições que deixam claras a realidade do pecado e a necessidade da graça de Deus para termos perdoados os pecados pretéritos, para que evitemos

Empodere seu pensamento com Tomás de Aquino

os pecados futuros e até mesmo para que realizemos boas obras.

São Tomás trata repetidas vezes da necessidade da graça, sobretudo nos dez artigos da questão 109 da Parte I da *Suma teológica*.

60. *Sola Scriptura*. Refiro-me a esta heresia pela expressão *Sola Scriptura*, e não como um último *ismo*, embora possa ser chamada de *biblicismo* ou *protestantismo*, pois se refere à visão protestante fundamental de que "somente as Escrituras" são o guia infalível para fé. Um padre católico dissidente, o inglês John Wycliffe (c. 1320-1384), foi um dos primeiros a difundir essa visão, que negava a autoridade de ensino da Igreja Católica através do papa e do Magistério. Ele também afirmou a doutrina da interpretação individual das Escrituras, com a crença em que o Espírito Santo inspirava cada pessoa. À primeira vista, essa doutrina deve parecer bastante desconcertante. Pense no grande número de interpretações contraditórias e conflitantes com que o mesmo Espírito Santo aparentemente guia diferentes pessoas de diferentes denominações protestantes acerca de assuntos tão vitais quanto o que devemos fazer para ser salvos. Também leva ao conflito sobre o batismo infantil e a natureza e validade de todos os sacramentos, incluindo a presença real de Cristo na Eucaristia.

Esse é um assunto vasto. Muitos livros foram escritos sobre o tema da *Sola Scriptura*. A fim de encurtar essa longa história, para derrubar essa doutrina basta saber que a Igreja Católica, fundada por Cristo sobre a rocha de Pedro (cf. Mt 16, 18), já existia centenas de anos antes de definir, sob a orientação do Espírito Santo, o cânon dos livros que compunham o Novo Testamento. Além disso, a própria Bíblia não ensina a doutrina da *Sola Scriptura*; na realidade, ela identifica a própria "*Igreja* do Deus vivo" (1 Tm 3, 15, grifo nosso) como "coluna e sustentáculo da verdade".

Qualquer pessoa imersa nos escritos de São Tomás reconhecerá seu surpreendente conhecimento e amor pelas Escrituras. Existem referências bíblicas em praticamente todos os artigos da *Suma teológica*. Sua magnífica *Catena áurea* consiste no texto dos Evangelhos acompanhado por comentários, linha a linha, de dezenas de Padres e Doutores da Igreja Ocidental e Oriental (alguns estudiosos acreditam que Tomás os ditou de memória), e entre seus livros mais sublimes encontra-se o *Comentário ao Evangelho de João*. No entanto, esse amante angélico da verdade das Escrituras sempre foi um amante do "pilar e sustentáculo" dessa verdade, escrevendo: "A Igreja Universal não pode errar, pois é governada pelo Espírito Santo, que é o Espírito da Verdade"[4].

---

4 *Suma teológica*, II-II, q. 1, art. 90.

Aos curiosos se adverte
que este livro foi impresso
em papel offset 75 g/m²
e a capa em papel cartão 250 g/m²
para a Quadrante Editora, de São Paulo,
no início de 2025.

OMNIA IN BONUM